— 自然 生命 成长 和谐 —

《幼儿园生命成长启蒙教育课程》丛书编写委员会

主 编

陈学群

副主编

吴耀群 彭 云 乔 彦

编 委

（以姓氏笔画为序）

王 妍 王晓玲 许建华

杨己洁 吴忆菁 陈 乐

范 墅 易 娟 赵 茜

排 版

朱映彤

幼儿园生命成长启蒙教育课程丛书

教师用书 大班（下）

陈学群 范曌 著

南京师范大学出版社

前 言

畅想幼儿园生命成长启蒙教育课程

2010年我园开始启动园本课程建设，我们提出幼儿园生命成长启蒙教育课程。我们把人的生命发展作为课程的原点和核心，把幼儿的生活作为课程的内容和资源，让幼儿学习的过程成为生命的展现历程，让园本课程的建设过程成为幼儿园发展历程中的一段美好记录。我们走上了发现儿童，探寻"健康成长"，走向"生命成长"之路。

今天，我们对幼儿园生命成长启蒙教育课程有了更深的理解。畅想幼儿园生命成长启蒙教育课程，我们的课程贴上了"自然的""生长的""亲历的""纯真的""诗意的"神圣标签。

让花园、菜地、果园、养殖场成为幼儿游戏、探究的乐园，在大自然中体会生命的跃动与惊喜；实施开放、动态的课程，运用自然界和生活中的材料，营造班级活动环境；运用人人平等的交流方式，引导幼儿参与体验，这是课程"自然的"标签。

记录幼儿在真实情境中如何与环境、材料和与同伴互动，了解幼儿建构知识、经验的历程，教师、家长、幼儿各自需要继续做什么有意义的事情，以帮助幼儿获得有益的经验和生命的成长，这是课程"生长的"标签。

让幼儿关注身边事，在亲历和体验中成长。"生活即课程"，适宜的、丰富的教育环境、材料和活动，给予幼儿足够的自由时空，主动去探索和实践，进行有意义的建构，这是课程"亲历的"标签。

让孩子像个孩子，让他们的天性得以施展。把生活世界、科学世界、人文世界整合在一起，把家长和社区引入到幼儿的教育中来；让户外活动、文学艺术活动和"儿童之家"活动展现幼儿的天赋、兴趣和爱好，个性得以不断完善与舒展。这是课程"纯真的"标签。

童年天真的气息和丰富的想象力、创造力展现在幼儿戏剧、艺术、户外游戏等各种活动中；教师放慢脚步，在静静的守望中读懂幼儿的声音，开启智慧教育，用敬畏生命、尊重自然的虔诚之心，创造理想教育国度，把美德和善行传递给所有幼儿。这是课程"诗意的"标签。

我们希望：透过课程让幼儿享有完美童年，让自然典雅和生命灵动融合，让"生命孕育于自然之源，成长得之于和谐之境"的教育理念得以体现。我们希望：在二幼这所古朴典雅的园子里，老师、孩子与家长们一同创造幸福完整的教育生活，我们和二幼的孩子们相伴亲历生命的传奇，一起享用自然的馈赠，一起感受成长的欣喜。

写于二幼上海路部

陈学群

2017年10月

序　一

叶圣陶先生说过："教育是农业，而不是工业。"我非常赞同这一观点。

教育是农业，儿童是种子，教师是农夫。种子的胚胎孕育着无穷的生命力，农夫把种子植入土壤，种子吸收水分和营养，自然地、自主地生长。农夫再好，再高明，也终究代替不了种子成长，只能帮助种子成长，而种子需要"亲自"成长。种子是生命成长的主体。农夫的作用只在于为种子提供适合的条件和环境，助力种子的成长。我之所以不赞同"教育是工业"，是因为工业是加工，是塑造，并且现代工业是机械化地加工划一性的产品。如果教育是工业，教师是工人，儿童就是被加工、被改造的对象，而不再是一个有充分生命活力的人，不再是一个具有独特生命的"我"。教育是农业，而不是工业，意味着教育要尊重儿童生命的本性，把他们真正当作教育活动的主体，使他们依靠自己的力量，率性发展，实现自我。

教育的农业隐喻，意味着教师必须为儿童的成长提供条件，让儿童自主成长。二幼的老师深谙这一教育哲理，提出了"生命成长"启蒙课程。"生命成长"启蒙课程，是幼儿阶段实施的基于生命、通过生命、为了生命的课程。基于生命，就是课程以生命为原点，直面生命发展的需要；通过生命，就是通过生命的活动，遵循生命发展的规律；为了生命，就是为了生命的成长，促进儿童全面而和谐、自由而充分、独特而富有个性的发展。

生命成长的课程是基于儿童的课程，是"儿童在中央"的课程。长期以来，课程被视为有计划的教学科目。如此理解的课程，是专家、教师、成人为儿童编制的课程，在这样的课程中，尽管有这样那样"为了儿童"的理由，但终究不是儿童的自我选择。课程是成人为儿童谋划的课程，成人是课程的"主人"，儿童是课程的"客人"。生命成长的课程从儿童出发，从儿童的天性出发，从儿童生命成长的需要出发，将儿童放在正中央，真正成为儿童自己的课程，成为儿童选择和喜欢的课程。

生命成长的课程是儿童探索和体验的课程。儿童的生命是自主的，自主的生命只有通过自由自主的活动展现出来。因此，生命成长的课程不同于学科本位的课程，它遵循的不是知识的逻辑，而是生命的逻辑，是儿童生命的经历和体验。它需要借助儿童的活动，在活动中体验，在参与中收获。这种收获，远不止知识、能力，更多的是生命的获得感。课程中的儿童，是活泼的、充满生机的，因此，也是可爱的、幸福的。

生命成长的课程是生活的课程。生活是生命的展现，生命成长的课程不仅内容源于生活，而且课程本身也是生活。当年杜威批判学校脱离社会，教育脱离生活，为改变这种状况，他倡导"教育即生活""学校即社会"。而今天，这一切又在"生命成长"启蒙课程中得以重现。

在二幼花园般的校园里，儿童喜欢沐浴在大自然的阳光下，在草地上、绿荫中做一个顽童，做一个"农夫"；喜欢在生活馆中做一个摆弄锅碗瓢勺的"厨师"……他们尽情地玩耍，在亲近自然中聆听生命的律动，体验生命的惊喜，收获着幸福，收获着童年。

生命成长的课程是诗意的课程。诗意是自主的、自由的、天真的、烂漫的，是生活的一种自在状态，也是生活的一种憧憬与追求。"人，诗意地栖居在大地上"。德国19世纪古典浪漫派诗人荷尔德林的这句诗，深刻阐释了生命的本性、生命的渴求。生命成长的课程，使儿童生命诗意地栖居于课程中。在二幼，看到了快乐的儿童，或游戏，或种植，或探究……他们在游戏中，在生活中，也在学习中。在这里，生活就是课程，游戏就是学习。

儿童成长的课程有着太多的特质，但所有的特质都围绕着一个核心，这就是"儿童"，一个站立起来的儿童。儿童是鲜活的生命体，儿童是有生命力的，儿童是美好的，儿童是天真的、善良的，有着生命冲动和好奇，有着学习和探究的欲望……这就是儿童的天性。我们的教育能做的就是呵护天性，为儿童的发展不断地创造条件。教师是"园丁"，为充满生机的"禾苗"浇水、施肥、撒药，欣喜地看着他们茁壮成长。

二幼的教师们不仅谙熟生命成长的原理，还创造性地把这些原理变成了教育行动。多年来，从"健康成长"到"生命成长"，沿着"生命成长之路"，他们一路探索，一路走来。"尊重儿童、崇尚天性、自由充分、完整儿童"，这一令人兴奋不已的教育理念，在二幼，在二幼的"生命成长"启蒙课程中，变成了现实。他们取得了成功。这种成功不仅仅是建构了生命成长启蒙教育的课程，更在于他们培养了"亲近自然、热爱运动、良好品性、乐于探索"的幸福儿童。

我由衷地祝贺二幼，祝贺他们在课程开发上取得的成绩，更祝福二幼的孩子们，因为你们在活动中拥有一个幸福的童年，那将是你们一生永远的财富。

南京师范大学　冯建军
2017年10月

序 二
沿着生命成长之路前行

这里是幼儿生活的乐园，绿树葱葱，花香弥漫，乐韵悠扬；这里是幼儿游戏的天堂，以树为荫，以水为饮，以石为趣。

在这里，回归自然的生命成长启蒙教育正在启程，让幼儿享有幸福的童年生活，让自然典雅和生命灵动相融，让"生命孕育于自然之源，成长得之于和谐之境"的教育理念得以体现。在这所古朴典雅的园子里，教师、幼儿与家长一同创造优质愉悦的教育生活。

为了幼儿的健康成长，来吧！让我们一起经历生命的传奇，一起享用自然的馈赠，一起感受成长的欣喜。

一、从"健康成长"走向"生命成长"

我们的幼儿园——南京市第二幼儿园（简称二幼）是一所江苏省省级示范园，历史悠久，创办于1949年，美国前大使司徒雷登先生曾经在这里居住过，20世纪50年代至90年代末期是一所寄宿制的幼儿园，优质的幼儿保育保健使二幼远近闻名，也成为二幼健康教育特色的起源。自"九五"起，南师大教科院唐淑、张慧和、虞永平、顾荣芳等多位教授来园指导，由此开始了我们的"幼儿健康教育实践探索之路"。"十五"期间，我们从集体教学形式的幼儿健康教育开始摸索架构综合主题式的"健康成长"园本课程。"十一五"期间开始深入研究"幼儿生命安全保护的实践研究"。至此，二幼在"健康教育"特色的引领、拓展下相继形成了"信息技术""幼儿戏剧""数字美术"等个性鲜明的特色课程。"十二五"期间，随着所参与的省市规划课题研究的不断深入，课程内容日益丰富，课程结构趋于合理，课程内涵得以充分拓展，在全园教职工多年的共同努力和园本文化的积淀中，我们提出了幼儿园生命成长启蒙教育课程，一脉传承的园本特色也为幼儿园生命成长启蒙教育课程的不断架构、丰富与实施提供了肥沃的土壤。

从"健康成长"走向"生命成长"，我园的健康教育从单领域的健康教育走向课程理念下的健康教育，从关注幼儿自身行为习惯的养成到关注幼儿、教师、家长三方构成的微观环境产生的教育影响，从幼儿被动接受健康教育到激发幼儿生命个体主动探寻、实现自己内在成长的动力。幼儿园生命成长启蒙教育课程以生命个体为中心，更加关注幼儿成长的过程，关注幼儿主体建构。幼儿园生命成长启蒙教育课程把幼儿的生活经验作为课程的内容和资源，让幼儿学习的过程成为生命的展现历程，让园本课程成为幼儿发展历程中的一段记录。生命成长启蒙教育课程，把人的生命发展作为课程的原点和核心，引导他们不断地超越自我，过有意义、有价值的生活，提高现实生活的质量，促进幼儿生命和教师教育生命的不断发展和完善。

二、幼儿园生命成长启蒙教育课程

二幼的幼儿园生命成长启蒙教育课程，以"生命孕育于自然之源，成长得之于和谐之境"为核心价值追求，将教育定位为回归自然的生命成长启蒙教育；以"致力于促进幼儿全面而和谐、自由而充分、独特而富有个性的发展"为课程宗旨，着力培养"亲近自然、热爱运动、良好品性、乐于探索"的健康向上的幸福儿童。

课程宗旨

让幼儿享有幸福的童年生活，获得全面而和谐、自由而充分、独特而富有个性的发展。

课程关键词

自然的——让花园、草地、菜园、果园、养殖园成为幼儿的天堂，成为幼儿游戏、探究、实践的乐园；让幼儿和大地亲密接触，在亲近和喜爱大自然中体会生命的跃动、生命的惊喜；让教师在遵循幼儿生命特点和规律的前提下实施开放、动态的课程，运用自然界和生活中常见的材料，营造班级活动环境，提升各项活动的教育质量，运用师幼平等的对话和交流方式，引导幼儿参与体验，促进生命发展，形成具有生命促进意义的幼儿园环境和文化。

生长的——让教师的教学充满创造性和个性，让幼儿有自主支配的时间和空间，以游戏的状态去学习和生活，去体验，去探险，教师和幼儿在双向互动中共同创造"生命成长"，享受生命的幸福。以关注幼儿真实性表现为重点凸显幼儿发展的过程评价，记录幼儿在真实生活、真实情境中如何与环境、同伴互动，幼儿在解决问题、同伴互动时所展现的所知所能，帮助教师了解幼儿建构知识的历程，从而更了解自己在教什么，还需要做哪些事。让课程在幼儿、教师、家长的共同推进中不断创造、丰富、完善，成为幼儿生命历程中的一段宝贵记录，同时实现园本课程的生长。

亲历的——让幼儿关注身边事，在亲历和体验中成长。"生活即课程"，生活中的一切都是课程的可能来源和教育因素。教师不仅要提供资源，如良好的教育环境、材料和活动，让幼儿有足够的自由去选择、经历和探索，还需要对幼儿进行引导和支持。增加幼儿经验的结果不只包括知识，还包括体验中的精神成长。"亲历"是幼儿在对教师、同伴、材料、环境、活动等周围世界的主动作用下，进行的有意义的建构。

纯真的——让孩子像个孩子，让孩子的天性得以施展。我们把幼儿看作独特的学习主体、发展主体，教师等成人以满足幼儿发展需要为前提构建课程内容。把生活世界、科学世界、人文世界整合在一起，把认知和实践结合起来，把家长和社区引入关注幼儿的教育，让所有关注幼儿发展的人员为幼儿的发展提供可能、创造条件，并提供指导。重视户外活动、文学艺术活动和"儿童之家"活动室在幼儿个性发展中的价值，让幼儿在充分自由、从容和谐的环境中，展现自己的天赋、兴趣和爱好，让个性得以舒展。

诗意的——这是我们的一种教育情怀，一种教育状态。童年弥漫着天真烂漫的气息，我们放慢脚步，在静静的守望中读懂幼儿的心灵，用智慧的教育陪伴幼儿的成长。我们珍视童年对人一生的重要价值，给幼儿充分游戏和体验的机会，让幼儿享有童年的美好。教师具有榜样的力量。我们用专注、投入和热爱敬畏生命，尊重自然，创造充满理想的教育国度，把美德和善行传递给幼儿。

课程实施

1. 实施途径

幼儿园生命成长启蒙教育课程围绕课程核心理念，以核心课程和个人课程两种主要形式实施课程。

核心课程：基于生活化的主题线索系列活动，围绕人与人、人与自然、人与社会三个块面，涉及个人与社会发展、语言与文学、数学、科学、社会文化、艺术、体能发展与健康共七个领域，适合集体或小组共同学习和发展的各种活动。

个人课程：在班级各类区域活动、幼儿园"儿童之家"工作坊和户外园地中，围绕人与人、人与自然、人与社会三个块面，涉及个人与社会发展、语言与文学、数学、科学、社会文化、艺术、体能发展与健康共七个领域，适合个人或和同伴自由学习与发展的各种游戏操作活动。

2. 实施场所

班级活动室：是幼儿学习、生活、游戏的空间，也是促进、锻炼、丰富幼儿各方面能力发展的乐园，更是幼儿展现成长过程、分享成长喜悦的园地。

"儿童之家"工作坊：体现科学与艺术、文学与语言、个人与社会交往领域的专题工作坊（生活体验馆、科学探索坊、读书俱乐部、美术工作坊、豆豆蚁乐园……），为幼儿在这些领域的特别发展提供环境、材料资源，发展个人爱好和兴趣，鼓励和支持幼儿的研究、探索、表现和表达，并提供专业引导。

户外园地：充分利用幼儿园的花园、草地、菜园、果园、养殖园，让幼儿园的户外场地成为幼儿的天堂，成为幼儿游戏、探究、实践的乐园，让幼儿有机会在阳光下运动，喜欢和大地亲密接触，聆听风的声音，感受草的味道、花的芬芳、虫的苏醒，在亲近大自然中体会生命的跃动与惊喜。

3. 实施要点

◇ 活动，让健康特色看得见。

园部为培养幼儿"亲近自然、热爱运动、良好品性、乐于探索"的品质，提供户外环境和部分材料；班级要利用户外活动时间和户外环境，设计教育活动内容，在活动中促进幼儿发展。

园部会安排每学期一次安全疏散演习，每学年一次幼儿运动会；年级组会安排每学期一次健康或安全教育大活动；各班会安排每周一次健康活动（含安全教育），每月一次安全教育。

班级应在家长园地等显著区域布置健康保育互动墙面，在区域活动安排中设立形式多样的健康区，例如：精细动作发展区、生活能力探索区、人际合作建构区等。

每周安排一次体育教学活动，以亲身体验、讲解指导、体育游戏等形式帮助幼儿掌握基本动作。

◇ 记录，让幼儿成长看得见。

各个班应重视记录幼儿真实表现的过程性评价，在日常生活中完成过程性资料的记录和收集。教师通过观察实录、拍照或录像、表格记录、班级周记等方式呈现过程；幼儿通过活动回顾、绘画日记、表格记录等方式呈现过程；家长通过班级漂流本、育儿日记、表格记录等方式呈现过程。

班级主题墙、作品墙每两周更换一次，幼儿作品当天展出。每次主题墙完成后应进行拍摄存档。注重家长园地内容的更新，保持与家长之间的密切联系。

班级环境应体现"生长"、体现"过程"，呈现两个主题的内容。班级环境中的材料应充分利用，材料的提供要能调动幼儿的参与性，同时，引导幼儿合理利用材料，养成节俭的习惯。

为每个幼儿建立《幼儿成长纪实》，反映出各个主题活动中幼儿的情况，要记录教师对幼儿的观察，还要有幼儿学期发展评估。其中，一个主题应有1~2张幼儿照片、1~2个幼儿作品，并在照片和作品旁附教师的评述、文字记录（时间、内容、评价）。

班级门口应始终展现欢迎家长和幼儿的标牌，并每两周进行一次调整，体现新意和配合教育活动内容。

◇ 通过材料提供和环境创设提升幼儿课程质量。

教师在教学中应充分运用自然材料和自然环境，做到物尽其用，目的明确。通过安排户外游戏日、玩沙日等让幼儿在自然环境中自由充分地成长。通过在区域活动中提供如石子、树枝等自然物和空塑料瓶、螺丝钉等幼儿喜爱的生活材料，让幼儿在主动创造中建构经验，反思行为，促进各方面能力的发展。

教师在安排一日活动时应遵循幼儿作息规律，做到动静交替、张弛有度。教师应善于筛选信息，选择适宜的形式开展活动，在集体活动中进行有效的团队交流分享，在区域活动进行细致的个别化学习操作；合理安排不同形式、内容的活动，灵活变换指导策略，如集体活动与区域活动交替、室内活动和户外活动交替、集中指导和个别指导交替、直接指导和间接指导交替等，让幼儿身心愉悦、自由充分地健康成长。

教师在班级组织管理中应注重幼儿社会礼仪、良好品行的培养。教师自己要做到言语轻柔、举止稳重；要善于利用文学艺术活动陶冶幼儿的情操、塑造优良的品行；要善于在一日生活中发现教育契机，适时地"停下来"进行随机教育，如谈话、讨论等。各班由幼儿自己讨论制定的《班规》应张贴在醒目位置，有专人制作《班级日记》，鼓励每个幼儿主动承担起班级管理的责任。

◇ 运用多种形式调动家长资源参与课程建构。

教育者要有意识地为幼儿成长创设积极友好的教育环境，要善于运用多种形式调动家长参与课程的热情并为之积极行动起来，形成家园共育的良性互动，共同促进园本课程内容的丰富、结构的合理和质量的提升。

园部每学期分年级组进行一次家长学校活动、一次家长会，每学年各班推荐 1~2 名家长志愿者协助教师组织指导"儿童之家"工作坊的活动。如：巧手爸爸（妈妈）、故事爸爸（妈妈）。

各班在进行主题教学过程中，每个主题可轮流邀请家长志愿者参加。原则上每位家长每学期为班级幼儿服务一次，避免增加家长负担。

班级每学期进行一次亲子活动（园内外均可，工作日进行亲子活动应先向园部申请），一次半日教学活动（可展演舞台剧）。

各班一年展演一次舞台剧。

三、我们的教育理念

我们的教育理念是：尊重儿童、崇尚天性、自由充分、完整儿童。

尊重儿童：我们把儿童看作一个全方位不断发展的"完整"生命个体，他们有自我成长的需要和能力。我们努力了解儿童心理，遵循儿童身心发展特点，理解儿童行为，信任儿童能力，欣赏儿童表现，鼓励儿童发展，并以此体现我们的教育尊重儿童的人格、思想、情感、自由。

崇尚天性：人的生命成长不仅需要身体的健康，更需要精神的滋养，生命成长启蒙教育培育崇尚天性的儿童——成长的天性、游戏的天性、好奇的天性、审美的天性，在户外探索、文学艺术等活动中鼓励幼儿大胆地去想、去做、去玩，在游戏活动中启真、启智、启善、启美，培养儿童活泼开朗的性格。

自由充分：生命成长启蒙教育强调给幼儿自由而充分的发展，让幼儿充满无限活力，使学习、游戏、生活成为幼儿自己的事情，促进幼儿对生活的自我感受、自我体验、自我反思和建构，完成生命在生活中的经历和体验。把幼儿的生命发展作为课程的原点和核心，把幼儿的生活和经历作为课程的内容和资源。在人与自然、人与社会、人与人的真实情境中建构经验、发展能力，实现人与环境和谐共处。我们的孩子将具备较强的生活自理能力和自我意识、自我管理、自我学习的能力。

完整儿童：教育生活本身就应该是完整、和谐、幸福的。生命成长启蒙教育在满足幼儿自由而充分发展的同时，重视塑造幼儿美好的人性，培养幼儿健全的人格。遵循基本社会规范，是生命成长启蒙教育理念中重要的组成部分，是人和人交往，人和社会、人和自然的谐共存的基础和保障。在生命成长启蒙教育中成长的儿童将会具备良好的学习品质和社会行为规范。

我们的课程不是一成不变的，而是在幼儿、教师和家长共同合作的互动中实现课程的动态建构。让户外自然环境成为幼儿学习成长的乐园，让幼儿自主支配时间和空间，以游戏的状态去学习、工作和生活，去体验、去探险，在亲历中成长，让孩子像个孩子，让生活充满诗意和感动，让教育更贴合"生命成长"的规律。

陈学群　彭　云
南京市第二幼儿园
2017 年 10 月

教师用书使用说明

幼儿是怎样的？他们需要什么？他们可以有怎样的发展？幼儿园、教师应该为幼儿做些什么？怎样做？如何更有效地促进幼儿的发展？这些是教育者关注的问题，也是南京市第二幼儿园（以下简称二幼）教师多年来默默耕耘、大胆探索、不断反思的理念支撑和前行动力。

在教师用书编写过程中，我园教师汲取了当前学前教育领域先进的理念和二幼多年传承的教育特色，反复斟酌、修改文本内容。经过一轮轮的修订，最终既保持了主题的完整性、系统性，又加强了主题活动中各领域之间的联系和融合，使课程指向实施、理念指导行为，旨在进一步提升活动的实施成效，指导教师以此书为支架，培养"亲近自然、热爱运动、良好品性、乐于探索"的健康向上的幸福儿童，引领教师、幼儿、家长共同努力去实现"幼儿全面而和谐、自由而充分、独特而富有个性的发展"的课程宗旨。

一、教师用书的结构

教师用书分小班、中班、大班，每年级上、下学期各一本，共六本。每本均以主题活动为线索，进行活动的设计，为教师的教育教学活动提供参考。

具体内容包括以下几个方面。

（一）各年龄段幼儿发展目标

这部分内容详细介绍了各年龄段幼儿身心发展的特点，以及通过我们的各项活动幼儿可以达到的发展目标。教师应随时对照目标，观察、了解本班幼儿的发展现状，及时分析、调整教学策略，协同家长共同促进幼儿发展。教师在主题活动实施过程中，应经常对照主题活动目标、幼儿发展目标，并根据班级幼儿的发展水平，有意识地调整教育教学方式，从而确保教育教学的有效性。

（二）主题教育活动

教师用书共十六个主题活动，每本有5~6个适合本年龄段的主题活动，供教师们学习和参考。

每个主题活动包括以下八个方面。

1. 主题意图

主题意图主要从三个方面进行阐述：为什么选这个主题内容，这个主题内容与这个年龄段的幼儿有什么样的关系，这个主题内容可以帮助幼儿达到什么发展水平。教师在进入主题之前，应该仔细研读主题意图，了解、分析本班幼儿现状，以便把握好整个主题活动的脉络，明确教育教学的方向。

2. 主题目标

主题目标是按照围绕人与人、人与自然、人与社会三个块面，涉及个人与社会发展、语言与文学、数学、科学、社会文化、艺术、体能发展与健康共七个领域进行编写，主题目标集中归纳了该主题对幼儿发展的价值，与各年龄段幼儿发展目标相比更具体，与一节具体的教学活动相比又更为概括。

幼儿发展目标、主题目标、教学活动目标三者之间形成自上而下的三级层次，保证课程目标的顺利落实。因此，教师心中必须有明确的目标意识，根据本年龄段幼儿的发展特点和需要，借助目标导向的作用，在一日活动的各个环节中，通过不同的教育途径灵活实施，促进幼儿全面和谐的发展。

3. 主题网络图

主题网络图是将主题意图和主题目标一步步分解，借助网状的结构，呈现给教师关于整个主题活动的线索和脉络结构。网络图展现的是一些预成性活动的脉络，教师可以结合本班幼儿的实际情况，沿二级网络生成幼儿感兴趣的话题，形成有班本特色的生成性活动。

4. 环境创设

环境创设包括室内外的活动场地布局、主题墙饰的布置、活动区域的分隔、布置等。班级环境的创设是体现教师的教育理念，表现班级文化和特色以及促进家园沟通的重要途径。教师在打造班级环境时，可参照此部分内容，更要充分发挥自己的艺术想象力、创造力和表现力，传递园本文化、班本特色，发挥教师的隐形指导功能。教师要鼓励每位幼儿参与到班级的环境创设中，充分体现"儿童是环境的主人"的教育理念。班级环境中要能呈现主题活动开展的进程，让"幼儿的成长看得见"，教师要努力让班级的每一个角落都"会说话"，通过环境，看到每个幼儿的成长和进步，促进课程质量的整体提升。

5. 三方互动

三方互动指教师、幼儿和家长在园本课程建构和幼儿发展过程中的三方协调积极互动，共同推进教育进程，实现共育。教师可参照此部分内容明确自己在教育教学方面可以做的事情，幼儿在教师和家长的引导和支持下可以做的事情，家长为促进幼儿发展可以做的事情，通过三方协同教育，动态建构园本课程，有效促进幼儿发展。

6. 特色活动

健康特色活动是二幼独有的传承了园本健康教育特色的教育活动，主要包括两个方面：健康大活动和安全教育活动。年级组每学期组织一次健康或安全教育大活动；各班每周组织一次健康活动（含安全教育），每月组织一次安全教育。具体的活动组织形式视活动内容而定，可采用展示表演、竞赛、情境练习等，教师应把活动内容与集体活动、小组活动、区域活动、日常生活及游戏活动融合，提高健康特色活动的实效性，让幼儿有更多的练习机会，以巩固健康意识和良好的行为习惯。

7. 区域活动

区域活动是二幼生命成长启蒙课程个人课程中一种形式，它为幼儿的个性化学习提供了机会和可能。我园开展的区域活动，分成室内区域活动和户外区域活动。室内区域划分为：健康区、语言区、益智区、艺术区。户外区域划分为：沙水区、运动区、探索区、角色扮演区。依据每个区域的特点，围绕主题活动内容，本书提供了一些区域活动的建议，教师可根据班级、幼儿的实际情况有所取舍，适当增加新的活动内容，调整活动材料，不要照搬。各班区域活动在内容安排上应考虑常规性区域和主题性区域相互兼顾，常规性区域（如精细动作发展区）应长期保留，并持续跟进、及时调整区域活动材料；主题性区域应配合主题进程定期增加相应的区域活动内容和材料。

8. 集体教学活动

集体教学活动是逐周安排的，每个集体教学活动都包括活动目标、活动准备、活动过程、活动延伸或活动建议几个部分。活动设计清晰、明了、可操作性强。每个教学活动的后面附有所需的参考资料，如儿歌、故事、知识参考等，为教师开展教学提供参考。

（三）附录

附录中包括：

1. 大班幼儿一日生活作息表（试行）
2. 日常教育、备课及环境规范要求（试行）
3. 教师常用表格和记录表（教师观察记录表、幼儿相片作品记录表、《儿童日记》、图书漂流记录、班组会议记录表）
4. 大班幼儿发展评估表
5. 南京市第二幼儿园幼儿健康行为规范
6. 后记

二、教师用书使用中需要注意的几个方面

1. 教师用书供教师备课参考，在使用过程中结合本班幼儿发展状况进行二次备课调整

本书中所提供的资料包括区域活动、集体活动等，仅作为备课蓝本。教师在活动实施前，需结合本班幼儿的兴趣点、需要和实际发展情况，灵活调整，创造性地设计、组织实施活动，体现班本特色。教师要关注幼儿在活动实施过程中的成长，借助本书附录部分提供的教师各种观察用表，及时、客观地记录幼儿的发展状况，分析并调整教育策略。活动结束后，教师要及

时反思并记录在备课本上，以便今后不断改进课程。

2. 使用本书的教师应以接纳的心态，将各类教育活动的教育意图，体现在幼儿活动中，体现在班级环境创设中。

教师在使用中要有学习的心态，认真领会其中的教育意图和教学重难点，让教师用书中的教育内容能在幼儿活动中体现。同时，班级开展的各个活动要能在环境创设中充分体现，不仅是集体活动（或小组活动）、区域活动，包括健康大活动和安全教育活动的内容，也要在环境中有所展示和呈现，留下幼儿成长的足迹。本书在区域活动的材料提供上是按层次撰写的，因此，教师在设计自己班级的区域活动时，也要考虑提供材料的层次性、趣味性、可操作性，根据本班幼儿实际水平适当调整，发挥材料和环境在幼儿发展中的隐形指导作用，促进幼儿自主、全面、持续地发展，提升课程质量。

教师在具体操作过程中可参照附录中教师日常教育教学及环境规范要求，按标准规范执行。

3. 教师在一日活动组织中应遵循幼儿作息节律，选择适宜的活动形式和途径开展活动

在一周的集体教学活动中，可以尝试开展小组教学活动，发挥集体与小组活动不同的教育价值，达到最佳的教学效果。

在幼儿的一日活动中，教师应善于把握动静交替、"呼吸"节律，做到集体活动与区域活动交替、室内活动和户外活动交替、集中指导和个别指导交替、直接指导和间接指导交替等，让幼儿身心愉悦，自由充分地健康成长。

在活动场所的选择上，教师要善于整合资源，灵活运用室内、户外和"儿童之家"活动室开展幼儿个性化活动，在时间的把握上，教师要摸索适于本班特点的组织形式统整时间，有效开展各项活动。

教师在具体操作过程中可参照附录中小、中、大班幼儿一日生活作息表（试行），按幼儿一日作息规范执行、灵活调整。

我们希望教师能认真研读此使用说明，逐步理解课程理念，并不断转化到教育行为中，和幼儿、家长一起感受成长的乐趣，享受生活的美好，在领会课程理念和自我实践探索的过程中，实现教师和幼儿、家长共同的生命成长。

大班幼儿发展目标

领域	上学期	下学期
健康	**粗动作：** 　　喜欢参加锻炼身体的各种体育活动；能轻松自如地走、跑、跳（单双脚）、攀登、投掷，能连续跳绳，远足1.5千米 **细动作：** 　　学习使用各种简单的工具或用具，掌握正确的方法 **个人健康与安全：** 　　（1）愿意保护自己的眼睛，坚持早晚刷牙。学习系鞋带的正确方法，能根据天气的变化增减衣服。有初步的生活自理能力和良好的生活习惯； 　　（2）管理好自己的物品，学习收拾游戏材料和用品； 　　（3）知道要均衡饮食，不暴饮暴食； 　　（4）了解自己的成长的变化，遇事不乱发脾气，愿意保持愉快的情绪	**粗动作：** 　　主动参加锻炼身体的各种体育活动；能在不同坡度的路面上平稳地行走；坚持一定距离的跑、跳；手脚协调地攀登、投掷；能连续跳绳，远足1.5千米以上 **细动作：** 　　熟练地使用各种简单的工具或用具，有效完成任务 **个人健康与安全：** 　　（1）会自己系鞋带，能根据天气的冷热增减衣服，学着照顾自己； 　　（2）爱护周围的环境和卫生，能保持个人的清洁卫生，养成饭前便后洗手的好习惯，管理好自己的物品； 　　（3）均衡饮食，会熟练地使用筷子，不暴饮暴食； 　　（4）保护眼睛，坚持早晚刷牙，养成良好的生活习惯； 　　（5）了解基本的防火技能，学习自救的基本方法； 　　（6）适度表达情绪，不乱发脾气，为自己和他人的成功感到喜悦

续表

领域	上学期	下学期
语言	听： （1）主动、积极、专注地倾听，掌握别人说话的主要内容，在不懂时能主动提问； （2）能迅速把握、正确理解比较复杂的指令 说： （1）能较清楚、连贯地表达自己的想法； （2）能理解一些常用的词汇，并大胆地学习运用，恰当表达； （3）在集体中，学习围绕共同的话题，按次序轮流表达 读： （1）能关注图书和生活中的文字符号，知道文字可以表示一定的意义； （2）能看懂图书画面中包含的多种信息，根据画面的前后关系，学习续编、创编故事，或能根据故事的部分情节或画面线索猜想情节的发展 写： （1）学习书写自己的名字，书写时姿势正确； （2）知道画面与文字的对应关系，愿意用图画符号、文字等多种表征方式表现事物和自己的想法	听： （1）在集体中能专心倾听，理解意义，从中获得有用的信息，不懂时能主动提问； （2）能结合情境理解一些表示因果、假设等相对复杂的句子； （3）能依从三个以上的指令行事，完成任务 说： （1）能清楚、有序、连贯地讲述自己的想法； （2）会使用常见的形容词、同义词或反义词，进行恰当的表达； （3）在集体中，能按次序轮流表达，不随意打断别人的话 读： （1）专注地阅读图书，对图书和生活中的文字符号感兴趣，知道文字表示一定的意义； （2）能观察画面的细节部分，根据故事的部分情节或画面线索猜想情节的发展，紧扣主题连贯地续编、创编故事； （3）对看过的图书、听过的故事能说出自己的看法； （4）能初步感受文学语言的美 写： （1）正确书写自己的名字，字的大小、间距尽量一致，写、画时保持姿势正确； （2）在生活和学习中，愿意用图画符号、文字表现事物和自己的想法，有记录的意识和习惯

续表

领域	上学期	下学期
社会	**自我意识：** （1）喜欢自己，为自己和同伴的进步感到高兴； （2）学会控制自己的情绪和行为，当自己和别人意见不统一时，能倾听、接受别人的意见； （3）在完成任务时有自信心和任务意识，努力克服困难，坚持完成任务 **社会文化：** （1）初步认识自己的国家和民族，了解祖国的标志（国旗、国徽等），有爱祖国的情感； （2）关心幼儿园和自己生活的社区，乐于了解自己的民族文化； （3）知道什么是规则，学习和同伴、老师一起参与制定班级的活动规则，并愿意遵守 **他人关系：** （1）初步学习辨别是非，愿意向好的榜样学习； （2）爱自己身边的人，尊重他们的劳动，能用语言、行动表达对他们的爱； （3）喜欢和身边的人交朋友，愿意与他人合作及分享，有同情心	**自我意识：** （1）能主动承担并认真完成一定的任务，遇到困难的时候能坚持、不放弃，有任务意识和自信心； （2）愿意为集体服务，为集体的成功感到高兴，有初步的集体荣誉感、责任感； （3）当自己和别人意见不统一时，能倾听、接受别人的意见，不能接受时会说明原因。与同伴发生冲突时，能协商解决 **社会文化：** （1）知道自己是中国人，为自己是个中国人感到骄傲，关心国家发生的各种事件，愿意和其他小朋友分享； （2）了解幼儿园及自己生活社区的环境，关心身边的事情； （3）了解未来小学的生活，有成为小学生的愿望； （4）理解规则的意义，能和同伴协商制定游戏和活动的规则 **他人关系：** （1）做了错事要勇于承担，不说谎； （2）尊敬长辈，爱护弟弟妹妹；尊重生活中为我们服务的人们，珍惜他们的劳动成果； （3）有礼貌地与人交往，会控制自己的情绪；喜欢结交新朋友，愿意合作、分享，有同情心

续表

领域	上学期	下学期
科学	**数与运算：** （1）初步理解量的相对性，发现生活中许多问题可以用数学的方法来解决，体验解决问题的乐趣； （2）发现事物的排列规律，并探究、学习创作新的规律； （3）借助实际情境和操作，理解加和减在实际生活中的意义； （4）能用常见的几何形体有创意地拼搭和画出物体的造型； （5）学习以自身和客体为中心区分左右，借助语言或图示提示的方位正确取放物品 **科学探究：** （1）经常动手动脑寻求问题的答案，对探索中的发现感到兴奋和满足； （2）在成人的帮助下能制订简单的调查计划并执行，通过一定的方法验证自己的猜测； （3）学习细致观察，探索、发现常见的理化现象（如沉浮、影子等），在探究中与同伴合作、交流； （4）了解季节的变化，感知每个季节的主要特征和变化的规律，体验人们的生活和自然环境的密切关系	**数与运算：** （1）发现生活中许多问题可以用数学的方法来解决，体验解决问题的乐趣； （2）借助实际情境和操作，理解加和减的实际意义，学习运用 10 以内的加减法解答生活中的一些简单问题； （3）学习用简单的记录表、统计图等方式表示物体的数量关系，理解数量的相对性； （4）发现事物的排列规律，并探究、学习创作新的规律； （5）认识生活中的几何形体（球体、圆柱体等），体验平面图与立体图的关系，学习按照肯定与否定的特征进行分类； （6）认识时钟，知道整点和半点，认识一元以内的人民币，学习以自身和客体为中心区分左右 **科学探究：** （1）对自己感兴趣的问题总是刨根问底，经常动手动脑寻求问题的答案； （2）对身边的科学现象有自己的猜测、推理、解释、验证，并用图示、表格的方式记录下来； （3）能通过细致观察、比较和分析，发现并用清楚、完整的语言描述不同种类物体的特征或某个物体前后的变化（如：蚕的生长变化等）； （4）尝试运用工具和多种材料进行制作活动，发现物品和材料的多种特征和功能，具有一定的创造性； （5）感知季节的变化，知道每个季节的主要特征和季节变化的周期规律

续表

领域	上学期	下学期
艺术	**音乐感知与表述：** （1）乐于欣赏不同形式的音乐作品，愿意用表情、语言、动作表达自己的感受和理解； （2）愿意和老师、同伴一起自编自演戏剧，并为表演制作简单的服饰、道具和背景； （3）根据不同的歌唱要求，调节、控制自己的声音，学习合唱、领唱等方法，注意在演唱中与同伴的配合 **美术感知与表述：** （1）愿意参加各种类型的美术活动，学习运用多种工具、材料或不同的表现手法表达自己的想法、情绪、想象； （2）感受绘画、手工活动的快乐，体验自己创造美的乐趣； （3）能与同伴、成人交流自己对美的事物的感受和体验，学习客观地评价艺术作品	**音乐感知与表述：** （1）喜欢欣赏不同形式的音乐作品，能用表情、语言、动作表达自己的感受和理解，愿意和别人分享、交流自己的体验； （2）能用律动、舞蹈动作表达和表现，和老师一起自编自演故事，并为表演制作简单的服饰、道具和背景； （3）根据不同的歌唱要求，调节、控制自己的声音，能用合拍的节奏和正确的音调合唱歌曲，学习用分声部、轮唱等方法演唱歌曲，在共同演唱时做到声音自然、和谐 **美术感知与表述：** （1）积极参加不同形式的艺术活动，学习欣赏并感受作品中形象的造型美和色彩的色调美； （2）能运用多种工具、材料或不同的表现手法表达自己的想法、情绪、想象，注意深浅、冷暖色的搭配，体验创造的快乐； （3）用自己创作的艺术作品布置环境，美化生活； （4）乐于收集美的事物，和同伴分享、交流自己对美的事物的感受和体验

目 录

- 001　序一
- 001　序二　沿着生命成长之路前行
- 001　前言　畅想幼儿园生命成长启蒙教育课程
- 001　教师用书使用说明
- 001　大班幼儿发展目标

001　主题活动一　要上小学了

- 002　主题意图
- 002　主题目标
- 004　主题网络图
- 004　环境创设
- 005　三方互动
- 005　特色活动
- 006　区域活动
- 009　集体教学活动

- 010　第一周
- 010　活动一　春节是个百音盒（语言）
- 011　活动二　采红菱（音乐）
- 013　活动三　放鞭炮（体育）
- 014　活动四　赏灯会（社会）
- 015　活动五　买灯笼（数学）

- 016　第二周
- 016　活动一　和小学生在一起（社会）
- 017　活动二　参观小学（综合）
- 018　活动三　有用的日历（数学）
- 020　活动四　热闹的小学（美术）
- 021　活动五　起床后（健康）

022	第三周
022	活动一　一拳一尺一寸（健康）
023	活动二　课间十分钟（社会）
024	活动三　放学路上（数学）
026	活动四　戴红领巾的哥哥姐姐（美术）
027	活动五　筛子的妙用（科学）

028	第四周
028	活动一　一个难题的解决（语言）
029	活动二　不再麻烦好妈妈（音乐）
031	活动三　有趣的沙漏（科学）
033	活动四　我们也能做（健康）
034	活动五　夹包跳（体育）

037　主题活动二　生活中的数字

038	主题意图
038	主题目标
040	主题网络图
040	环境创设
040	三方互动
041	特色活动
042	区域活动
045	集体教学活动

046	第一周
046	活动一　找一找（综合）
047	活动二　数字的分类统计（数学）
048	活动三　过去的人是怎么数数的呢？（语言）
049	活动四　数字变形画（美术）
051	活动五　哆来咪（音乐）

- **053　第二周**
  - 053　活动一　我的身体是把漂亮的尺子（数学）
  - 055　活动二　分铅笔（数学）
  - 056　活动三　食品袋上的安全（健康）
  - 058　活动四　钱币兑换（科学）
  - 060　活动五　五只青蛙（一）（音乐）

- **062　第三周**
  - 062　活动一　五只青蛙（二）（音乐）
  - 063　活动二　认识时钟（数学）
  - 065　活动三　珍惜时间（社会）
  - 067　活动四　成双成对（体育）
  - 068　活动五　水温计（科学）

- **069　第四周**
  - 069　活动一　小小气象站（科学）
  - 070　活动二　拍手歌（语言）
  - 072　活动三　有趣的量高尺（美术）
  - 073　活动四　特殊的日子（社会）
  - 074　活动五　毛毛虫向前进（体育）

077　主题活动三　办个我们自己的运动会

- 078　主题意图
- 078　主题目标
- 080　主题网络图
- 080　环境创设
- 080　三方互动
- 081　特色活动
- 082　区域活动
- 086　集体教学活动

087	**第一周**
087	活动一　参观体育馆（社会）
088	活动二　我的晨间活动计划（健康）
089	活动三　运动小能手（体育）
091	活动四　学习9、10的组成（数学）
092	活动五　运动健将（美术）

093	**第二周**
093	活动一　运动后的身体变化（健康）
094	活动二　我喜爱的运动员（社会）
096	活动三　龟兔赛跑（一）（语言）
098	活动四　龟兔赛跑（二）（音乐）
099	活动五　按差异个数摆放图形（数学）

100	**第三周**
100	活动一　学习6、7的加减（数学）
102	活动二　健康歌（音乐）
103	活动三　金螃蟹王（语言）
104	活动四　动物的运动方式（科学）
106	活动五　螃蟹过沙河（体育）

107	**第四周**
107	活动一　全能运动员（体育）
109	活动二　运动员进行曲（音乐）
110	活动三　运动员在比赛（美术）
111	活动四　贴贴花（数学）
112	活动五　民族运动夺冠赛（综合）

115　主题活动四　我发现的科技产品

116	主题意图
116	主题目标

118	主题网络图
118	环境创设
118	三方互动
119	特色活动
120	区域活动
125	集体教学活动

126 第一周
126　活动一　我发现的科技产品（综合）
127　活动二　我的调查表——统计表格（综合）
128　活动三　聪明的孩子——爱迪生（语言）
130　活动四　写生相机（美术）
131　活动五　学习二等分（数学）

132 第二周
132　活动一　现代通信工具（科学）
134　活动二　iPad要少玩（健康）
135　活动三　小老鼠打电话（音乐）
138　活动四　小熊写信（语言）
149　活动五　学习8、9的加减（数学）

141 第三周
141　活动一　有用的家用电器（综合）
142　活动二　神奇的电池（科学）
143　活动三　威尼斯音乐钟（音乐）
145　活动四　安全用电（健康）
147　活动五　声音是怎样录下来的（科学）

149 第四周
148　活动一　小小发明家（一）（语言）
149　活动二　小小发明家（二）（美术）
150　活动三　时钟舞（音乐）

| 152 | 活动四　哪块地最大？（数学） |
| 154 | 活动五　科技博览会开幕了（综合） |

157　主题活动五　再见了，幼儿园

- 158　主题意图
- 158　主题目标
- 159　主题网络图
- 160　环境创设
- 160　三方互动
- 160　特色活动
- 162　区域活动
- 165　集体教学活动

166　第一周

166	活动一　端午节（社会）
167	活动二　端午节（语言）
169	活动三　赛龙舟（美术）
170	活动四　文具超市（数学）
171	活动五　空气在哪里（科学）

172　第二周

172	活动一　面包店（数学）
173	活动二　毕业诗（语言）
175	活动三　毕业歌（音乐）
176	活动四　温暖大家庭（社会）
177	活动五　送给幼儿园的礼物（美术）

178　第三周

| 178 | 活动一　悄悄话（语言） |
| 180 | 活动二　毕业纪念册（社会） |

181 活动三 侧行比赛（体育）
182 活动四 你准备好了吗（健康）

184 附录

184 大班幼儿一日生活作息表（试行）
185 日常教育、备课及环境规范要求（试行）
186 教师观察记录表（范例）
187 幼儿相片作品记录表（范例1）
188 幼儿相片作品记录表（范例2）
189 《儿童日记》（范例）
192 图书漂流记录（范例）
193 班组会议记录表（范例）
194 大班幼儿发展评估表
196 南京市第二幼儿园幼儿健康行为规范
197 后记

主题活动一

要上小学了

主题活动一
要上小学了

主题意图

　　进入大班下学期,爸爸妈妈都在说着关于上小学的事,还带着孩子去小学报名。对小学生活的渴望或忧虑写在每个孩子的脸上,孩子们对小学的一切都充满了好奇心:对小学的教室好奇;对小学的课本好奇;对小学的老师好奇。同时,对即将要经历的小学生活又充满了疑虑甚至恐惧:见不到以前的好朋友了怎么办?上厕所时该怎么办?口渴了想喝水怎么办?要学那么多的知识、做好多的家庭作业该怎么办?小学的老师会喜欢我吗?

　　这些问题都困扰着孩子们,影响他们步入小学生活的情绪。这个主题活动将带着懵懂的孩子们一起走近小学。在参观校园、与哥哥姐姐的交谈中让孩子们熟悉小学里陌生的环境,在游戏模仿和生活练习中,了解如何安排课间10分钟,如何整理自己的学习用品,怎样制订学习计划,如何和老师、同学说说自己的心里话。从了解小学生活开始,激发"我也来做小学生"的愿望,在"我会安排自己的生活"系列活动中做好入学准备,高高兴兴地迎接即将到来的小学生活。

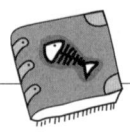

主题目标

健康:

1. 懂得不同的食物有不同的营养,身体需要各种营养;会熟练使用筷子;有良好的进餐习惯。
2. 乐意为身边的人和幼儿园做好事,对自己负责的事情有责任感并坚持。
3. 学会细致、认真地整理自己的抽屉、书包等,提高自我服务的能力。
4. 通过制订各种计划,养成有序做事、有始有终的好习惯。

语言：

  1. 能够围绕春节、元宵节的话题谈话，用恰当的语言表达自己的想法与情感，与同伴分享感受。

  2. 能看懂单幅画面包含的多种信息，能注意在生活中运用已习得的书面语言。

  3. 能用连贯的语言表达自己的想法，并会使用一些形容词。

  4. 能细致、有重点地介绍自己喜爱的图书。

  5. 增强对汉字的敏感性，体会书籍带给大家的快乐，愿意和书籍做朋友。

社会：

  1. 知道正月十五是我国的元宵节，理解元宵节的含义。能主动、准确地使用礼貌用语向长辈拜年，说祝福的话。

  2. 分享幼儿园三年生活的点滴，重温与老师、同伴在园生活的快乐，感谢老师和帮助过自己的人。

  3. 喜欢交朋友，会主动、积极地与同伴交往，懂得珍惜友谊。

  4. 通过参观及访谈，认识小学的环境，了解小学的生活，体验即将上小学的自豪感。

科学：

  1. 学习6以内数的组成。

  2. 学习在日历中找到相应的日期，并且观察竖列，知道相应的日期是星期几。

  3. 能区分时针、分针，基本认识整点或半点。

  4. 了解沙漏的计时作用，感受骨牌之间的距离与力的传递关系。

艺术：

  1. 能使用已经掌握的空间知识，能用扇子跳汉族舞，进行创造性的独立动作表现和人际动作交流与配合。

  2. 利用多种绘画工具和材料，运用不同技法表现自己的思想和感受，注意深浅、冷暖颜色的搭配，体验创造的快乐。

  3. 巩固画动态人物的技能，能表现出自己理想的职业人物的特点。

  4. 尝试用图加字的方式表达自己的祝福。

  5. 掌握领唱、轮唱和齐唱的方法，在歌声中表达自己的情感。

主题网络图

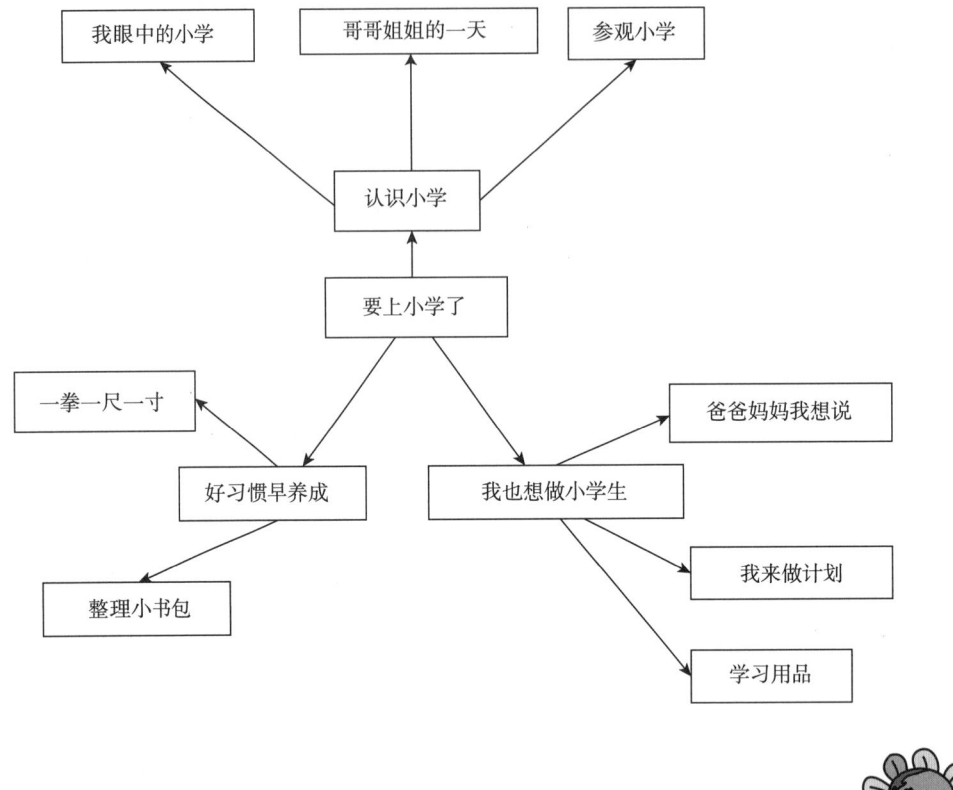

环境创设

1. 教师与幼儿一同为班级粘贴窗花、挂灯笼和灯谜、贴对联，营造欢乐的元宵节气氛。

2. 布置主题环境，包括小学图片展，整理与小学相关的各种物品：如课本、作业本、文具和小学生的各种游戏材料；师生共同收集幼儿园三年生活照片，完成小学的经验调查表等。

3. 在图书区中增添百科全书及文学类图书，提高幼儿对书本中汉字的敏感性；在游戏区增加书店、文具用品等游戏材料。

4. 在空间上模仿小学教室，提供模拟的场景环境。充分利用区域，提高幼儿整理抽屉、自我服务等能力。

5. 在健康区提供健康小书《甜蜜的幼儿园》《快乐的小学生活》，请幼儿操作并绘制卡片，从情感上珍惜幼儿园的童年生活，从心理上提高对小学生活的认同感。

三方互动

教师——向幼儿介绍一些小学生的生活及行为规则,引导幼儿理解并主动遵守,加强幼儿良好学习习惯、生活习惯、自我管理能力的培养。向家长宣传幼小衔接教育经验,指导家长帮助幼儿实现科学有效的过渡。

幼儿——主动积极地与同伴交流、游戏,珍惜幼儿园同学间的友情,感谢同学的陪伴和老师的教育培养;每天背书包上学、放学,知道自己将成为一名小学生,积极为未来的小学生活做好准备。

家长——教育孩子珍惜幼儿园短暂的时光,珍惜幼儿园同伴的友谊,学会感恩,感谢陪伴自己成长的老师和成人,通过多种方式表达对小伙伴和老师的情谊。节假日带幼儿去小学生家做客,和小学生做朋友;重视孩子幼小衔接过程中良好习惯的培养,教育孩子热爱阅读,爱护书本和文具,培养孩子积极的学习态度;及时解决孩子心中的困惑;为孩子准备一个小书包,帮助孩子建立"小学生爱学习"的意识,帮助其尽快适应小学生活。

特色活动

	活动	活动准备	指导要点	参与幼儿
健康大活动	系鞋带	有鞋带的鞋子	绳子与扣眼要对齐,打结时绳子收紧	本年级幼儿
安全教育活动	用餐礼仪及安全	餐具、毛巾等	1. 知道排队轮流拿取食物,吃多少拿多少,不浪费。取放食物时慢走,小心碰撞摔倒; 2. 了解简单的用餐礼仪和安全	本班幼儿
户外活动	划旱船	自制旱船	学习划旱船的表演方法,锻炼幼儿的动手操作能力、合作能力	分组活动
	寻找春天的秘密	记录单、水彩笔	感受春天的气息,发现花草树木的变化,用绘画的方式记录自己的发现	分组活动

续表

	活动	活动准备	指导要点	参与幼儿
语言活动	幸福的大桌子	绘本《幸福的大桌子》或PPT	感受家庭成员之间的亲情，萌发尊敬和关爱老人的情感	本班幼儿
	老鼠娶新娘	绘本《老鼠娶新娘》或PPT	体验中国民间传统婚嫁的喜悦气氛和抬轿子游戏的乐趣，理解故事内容，知道任何人和事都不是完美的，是有缺点的	本班幼儿
	小阿力的大学校	绘本《小阿力的大学校》或PPT	知道面临新环境时会有许多人用许多办法来帮助自己，在交流的过程中有成长的自信心和自豪感	本班幼儿
	长大以后做什么	绘本《长大以后做什么》或PPT	在欣赏的过程中了解故事中主要角色的心愿，用完整的语句讲述自己长大后的心愿	本班幼儿
音乐活动	八只小狗抬花轿	伴奏音乐	有感情地演唱歌曲，尝试用肢体表示抬花轿、摔跤、抛等动作	本班幼儿
	采红菱	伴奏音乐	学习用扇子的技能，如开扇、抖扇、合扇等，感受和同伴共舞的快乐	本班幼儿
	上学歌	钢琴	感受歌曲欢快、愉悦的情绪，和同伴一起尝试用多种方式表现歌曲	本班幼儿

区域活动

	活动与指导要点	幼儿发展目标	材料与层次
建构区	活动：我们的小学 指导要点：能根据"小学"主题进行合作建构	感知布局，培养空间感	材料：积木、纸盒、罐子等 层次一：学会商量，并通过绘制设计图把大家的想法集中起来； 层次二：能用架空的方法搭建多层教学楼； 层次三：合理布局建构前后的操场，用辅助材料增添校园里的设施

续表

	活动与指导要点	幼儿发展目标	材料与层次
生活区	活动：整理小书包 指导要点：能按课表的顺序整理书包里的物品	学习收拾、整理物品	材料：书本、文具、模拟小学一年级学生的课表 层次一：能有条理地整理小书包； 层次二：能按照课表的安排模拟摆放书包中的物品
美工区	活动：印第安小朋友 指导要点：能表现出人物头像的主要特征，会用鲜艳的对比色装饰夸张的饰品	学习人物头像绘画	材料：卡纸、颜料、水粉笔 层次一：仔细观察印第安人头像的图片，感受色彩的搭配； 层次二：注意头像的比例，重点突出头饰和项链的装饰特点
	活动：运动娃娃 指导要点：能绘画出动态人物四肢的变化	学习动态人物绘画	材料：动态木偶娃娃，画纸，笔 层次一：能基本表现出人物的运动造型； 层次二：仔细观察小朋友的运动，能表现出木偶上肢、下肢的运动； 层次三：动作逼真，能恰当地表现人物的运动造型
	活动：做花灯 指导要点：能沿直线剪纸，探索粘贴牢固的方法	粘贴后要用手捏按粘贴处进行加固	材料：彩色卡纸、剪刀、彩笔、胶棒、小木棒等 层次一：能按图示制作出花灯模型； 层次二：能在花灯模型上添加花纹或动物图案； 层次三：能与同伴合作制作花灯，乐意听取同伴的意见
益智区	活动：小伙伴的生日 指导要点：认识年、月、日	认识年历，区分月、日和星期	材料：幼儿照片，操作卡片 层次一：能正确区分月和日的数字，初步学习使用年历查找日期的方法； 层次二：进一步认识年历，感受年历和人们生活的关系
	活动：你说我转 指导要点：辨别整点和半点，两人合作游戏报时和拨钟	知道钟表是计算时间的工具，了解时针、分针运转方向以及它们之间的运转关系	材料：小闹钟 层次一：认识时钟，了解钟面的主要结构； 层次二：幼儿和同伴一个报时间，一个拨钟； 层次三：能相互检查游戏结果并进行角色交换

	活动与指导要点	幼儿发展目标	材料与层次
探究区	活动：骨牌传动 指导要点：耐心、细致地一个接着一个排	感受骨牌之间的距离与力的传递关系	材料：多米诺骨牌，有直线、曲线和图案的底板 层次一：能和同伴合作搭牌，能主动学习并注意观察骨牌的摆放位置； 层次二：初步了解力的传递作用，知道直线比曲线传得快； 层次三：能根据底板摆放各种造型，注意拐点的骨牌摆放位置
	活动：瓶子装果实 指导要点：发现物体之间的空隙	认识空隙，知道空间的合理利用	材料：瓶子、核桃、芸豆、小米 层次一：通过操作发现瓶子中的空隙； 层次二：按序摆放三种果实，学会合理利用空间
阅读区	活动：汉字小书 指导要点：选择一本图书并找寻自己认识的汉字	注意观察汉字的偏旁部首	材料：自制汉字小书，水彩笔 层次一：找寻图书中自己认识的字，进一步感知汉字的构形规律； 层次二：在自制汉字小书中学写出自己认识的汉字； 层次三：圈画木字旁、单人旁等的汉字，相互交流并讨论汉字偏旁的简单规律
扮演区	活动：我是小学生 指导要点：增强对小学生活的了解	了解小学生的一日生活时间作息	材料：小书包，时钟，模拟小学一年级学生的课表 层次一：能按时钟的指示模仿小学生的作息环节； 层次二：尝试在扮演中模仿师生对话

集体教学活动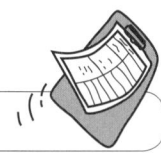

第一周		第二周	
1.	春节是个百音盒（语言）	1.	和小学生在一起（社会）
2.	采红菱（音乐）	2.	参观小学（综合）
3.	放鞭炮（体育）	3.	有用的日历（数学）
4.	赏灯会（社会）	4.	热闹的小学（美术）
5.	买灯笼（数学）	5.	起床后（健康）
第三周		第四周	
1.	一拳一尺一寸（健康）	1.	一个难题的解决（语言）
2.	课间十分钟（社会）	2.	不再麻烦好妈妈（音乐）
3.	放学路上（数学）	3.	有趣的沙漏（科学）
4.	戴红领巾的哥哥姐姐（美术）	4.	我们也能做（健康）
5.	筛子的妙用（科学）	5.	夹包跳（体育）

第一周 活动一 春节是个百音盒（语言）

活动目标

1. 感受诗歌中的欢快气氛，并尝试朗诵诗歌。
2. 借助歌曲、图夹文的诗句图理解诗歌中的比喻。
3. 主动参与讨论，体验与同伴共同学习的快乐。

活动准备

物质准备：图夹文的诗句图。

经验准备：幼儿已知春节的含义并对各项庆祝活动有经验。

活动过程

一、教师和幼儿共同齐唱歌曲《新年好》，以轻松的氛围引出活动。

1. 在齐唱中感受春节的快乐氛围。
2. 教师：春节里，你参加了哪些活动？听到了哪些声音？
3. 幼儿讨论并回答。

二、幼儿欣赏诗歌，教师帮助幼儿感受诗歌的美好意境。

1. 教师出示图夹文的诗句图，幼儿欣赏。
2. 教师：老师将你们听到的这些声音全都编进了一首小诗歌，还有一些春节的声音，请你仔细听一听。
3. 幼儿讨论自己在哪里听到过诗歌里的"声音"。
4. 教师再次朗诵诗歌，幼儿看诗句图回忆，理解诗歌的内容。
5. 教师：诗歌中为什么说"春节是个百音盒"？"叮当叮当、噼啪噼啪、哗啦哗啦、咕咚咕咚、咔嚓咔嚓、嘻哈嘻哈"分别是什么意思？

三、幼儿尝试用声音表现出诗歌的欢快意境。

1. 教师：春节里有这么多好听的声音，那我们应该用怎样的语气和音调来朗诵呢？
2. 教师创设环境，引发幼儿探索并用一句话表达对春节的感悟。
3. 幼儿朗诵诗歌，教师采用轮流、分组、竞赛的方式激发幼儿对诗歌朗诵的兴趣。

附：诗歌

春节是个百音盒

叮当叮当，

圣诞老人的礼物车还没有走远；

噼啪噼啪，

烟花和爆竹就打起欢快的小鼓；

哗啦哗啦，

喜气洋洋的春联在风中不停地掀起红红的衣角；

咕咚咕咚，

白白胖胖的元宵和水饺在练习新的游泳花样；

咔嚓咔嚓，

小河不停地打开透明的冰窗晒晒太阳；

嘻哈嘻哈，

孩子们穿着新买的衣服，

在大街上蹦蹦跳跳……

啊！春节是一个神奇的百音盒，

装满数不清的声音，

装满数不清的快乐！

活动二　采红菱（音乐）

活动目标

1. 初步学习舞扇的动作，感受汉族舞蹈的基本风格和民族乐曲优美的意境。
2. 探索并学会开扇、扬扇、抖扇的方法，熟悉扇的特点。
3. 与同伴共同合作完成舞蹈造型与动作，乐意表现舞蹈。

活动准备

物质准备：音乐《采红菱》、扇子舞视频、扇子每人一把。

经验准备：幼儿已有"六个小圆""开花"的队列练习经验。

活动过程

一、欣赏音乐《采红菱》，感受民族音乐的优美意境。

1. 教师：今天我们来欣赏一首好听的中国民族音乐，仔细听听它是用什么乐器演奏的。

2. 幼儿欣赏歌曲，分析乐曲的段式。

二、欣赏扇子舞视频，模仿并探索舞扇的方法，初步学习舞扇的各种方法。

1. 幼儿欣赏扇子舞视频，观察扇子的各种舞法。

教师：这么优美的音乐，我们要用扇子来跳舞，有哪些动作呢？让我们来欣赏一下上届大班哥哥姐姐们跳的扇子舞。

2. 幼儿自由探索舞扇子的方法。

（1）幼儿自由练习舞扇子，教师巡回观察并提醒幼儿注意舞扇的安全。

（2）个别幼儿表演。

教师：谁来为大家表演一下如何开扇？

小结：开扇时握住最外面的扇骨然后快速打开。

（3）全体幼儿模仿并练习。

（4）个别幼儿表演。

教师：如何抖扇呢？谁来试试？

小结：抖扇时手要紧握扇柄，手腕微微抖动，让扇面抖动起来就好看了。

（5）全体幼儿模仿并练习单手抖和双手抖扇子。

教师：你们知道扇子一会儿高一会儿低这个动作叫什么吗？谁能来表演一下扬扇的动作。

（6）个别幼儿表演。

幼儿再次观察当扇子扬上去时扇柄和扇骨的方向。

3. 幼儿随音乐做动作练习。

三、复习"六个小圆"和"开花"的队型。

1. 按节奏练习队型的变化。

2. 加入扇子的动作。

3. 幼儿尝试听音乐舞蹈。

活动三 放鞭炮（体育）

活动目标

1. 能整齐紧凑地走螺旋队形，及时调整自己的位置和步幅。
2. 通过"卷鞭炮"、"放鞭炮"的游戏，发展幼儿协调合作力和灵敏反应力。
3. 在进行放"鞭炮"游戏时能注意躲闪，注意自己和他人的安全。

活动准备

物质准备：宽敞无杂物的平地。

经验准备：

1. 请幼儿互相交流自己放鞭炮的经验，并在活动区用彩纸卷制"鞭炮"。
2. 了解放鞭炮是我国的节日习俗，有条件可安排幼儿观看节日放鞭炮等热闹场面的有关资料。

活动过程

一、开始部分。

1. 整队，师生问好。
2. 跑步练习：全体幼儿围绕操场变速跑。
3. 热身操：头部运动—上肢运动—肩部运动—体侧运动—体转运动—腹背运动—下蹲运动—跳跃运动—整理运动。

二、基本部分。

1. 幼儿练习卷"鞭炮"。

分小组活动（分成4—6个小组），探索卷成一个"鞭炮"的方法。

2. 幼儿集中交流卷成"鞭炮"的方法。
3. 教师引导幼儿重点讨论：全组幼儿要站成一横队，须以排头幼儿为轴心，排尾幼儿带领全组按螺旋形围绕排头幼儿走，这样"鞭炮"会卷得又快又好。
4. 幼儿再次练习卷"鞭炮"。
5. 游戏："放鞭炮"。

（1）幼儿卷成"鞭炮"后由教师"点火"，幼儿一个接一个发出"刺"声，不能间断，直至排头幼儿发出"啪"的声音后，幼儿四散跑开，排头幼儿去追，捉住一幼儿后游戏结束。更换排头幼儿后重新游戏。

（2）全体幼儿分两组轮流玩"放鞭炮"游戏。

（3）全班幼儿玩"放鞭炮"游戏。

教师注意提醒幼儿遵守游戏规则："点燃"后依次发出"刺"声，当排头幼儿发出"啪"的声音后再跑开。

三、听音乐做放松活动。

幼儿四散站开，随音乐做放松运动，调整呼吸，重点放松下肢。

活动四　赏灯会（社会）

活动目标

1. 初步了解元宵节的意义及民俗习惯。
2. 带领小班弟弟妹妹观赏灯会，学会主动关心照顾他们。
3. 在观赏中乐意与弟弟妹妹交流观灯的感受，共享集体活动的快乐。

活动准备

物质准备：布置好的幼儿自制花灯展，贴有谜语卡的花灯若干，民族乐曲，音响设备。

经验准备：有制作花灯的经验。

活动过程

一、欣赏教室，了解灯会的意义。

1. 教师：小朋友们欣赏下我们一起布置的教室，谁能说说看这样的布置是什么节日的特色呢？
2. 幼儿讨论并回答。
3. 小结：元宵节是家人团圆的日子，是中国特有的传统节日，有它独特的传统节日气息。

二、了解元宵节的欢庆活动，丰富民族文化。

1. 教师：在元宵佳节，人们该如何庆祝呢？
2. 幼儿讨论并回答。
3. 小结：做元宵、吃元宵、赏花灯等。

三、邀请小班弟弟妹妹一同观赏花灯。

1. 教师出示花灯，提出请幼儿观赏灯的要求：带领小班弟弟妹妹一同观察灯的种类、颜色、形态，猜谜等。
2. 可与弟弟妹妹自由结伴观赏花灯，并向弟弟妹妹介绍自己所带的花灯的名称及主要特点。

3. 请个别幼儿说说自己最喜欢的花灯的名称、外形特征等，也可讲述买灯时的情景，注意引导幼儿用完整、连贯的语言进行表述。

4. 小结：扎花灯是一门中国民间艺术，是中国人特有的本领。

四、活动结束。

与小班弟弟妹妹合影留念，并送小班弟弟妹妹回班。

活动五 买灯笼（数学）

活动目标

1. 学习6以内数的组成，探索分合的不同答案。
2. 会用数字记录物体分成两个部分的结果，初步感知数的分合的有序性。
3. 主动且清楚地在集体中表述自己的操作过程与发现。

活动准备

物质准备：

1. 教具：6个不同的灯笼、2张生肖动物图片、1—6的数卡。
2. 学具。

　　第一、二组"我帮小猴送灯笼"：灯笼卡片、数的分合底板、1—6的数卡。

　　第三、四组"涂窗花"：红、黄两色窗花图片。

　　第五、六组"6元商店"：贴有1—5元价格标签的商品、6元游戏币。

经验准备：知道5以内数的组成。

活动过程

一、欣赏灯笼，观察灯笼的数量和造型。

1. 请幼儿欣赏6个不同灯笼的造型，感受灯笼的美。
2. 教师：今年是猴年，小猴一共买了几个灯笼？
3. 教师：小猴准备将这6个灯笼送给好朋友小马和小羊，有几种不同的分法呢？请小朋友们想一想，再试着分一分。

二、幼儿进行操作活动，学习6以内数的分合。

1. 我帮小猴送灯笼。

教师引导幼儿观察桌面上的材料，并介绍活动要求。

教师：请小朋友把6个灯笼分成两份，试试有几种不同的分法，并将每次的结果用数字卡记录在数的分合底板上，不能重复，也不能漏记。

2. 涂窗花。

将每排的6个窗花涂成红、黄两色，每排红色（或黄色）窗花的数目不能相同。

教师：涂的过程中要仔细观察，每排的数目不能相同。

3. "6元商店"。

教师引导幼儿观察商店中的物品（物品的价格都低于6元）。

教师：在6元商店可以用6元钱买两样商品，仔细观察每种商品的价格，选择两样商品，价格加起来是6元。

三、在观察和比较中感知数的分合的有序性。

1. 教师出示一张幼儿的操作记录单，与孩子共同检查其结果是否正确，如有不正确的地方集体讨论并改正。

2. 教师出示另一张幼儿的操作记录单，引导幼儿观察记录单的异同。

3. 教师：这张作业单对吗？为什么看得又快又清楚？

4. 鼓励幼儿观察发现前面的部分逐次增加1，后面的部分逐次减少1。

5. 集体读一读分合记录有序的记录单，再次感受数的分合的有序性。

第二周 活动一 和小学生在一起（社会）

活动目标

1. 了解小学生不同的生活内容，增进对小学的了解。
2. 在活动中能主动提出关于小学生活的疑问。
3. 认真听小学生介绍，萌发争做小学生的愿望。

活动准备

物质准备：事先拍摄四名小学生的视频，请他们就上课、做作业、遵守纪律、做值日生等方面向幼儿介绍小学生活。

经验准备：知道即将升入小学，对小学有一些了解。

活动过程

一、通过话题引发讨论的兴趣。

1. 教师：最近爸爸妈妈都带你们去小学报名了吗？你准备上哪所小学？
2. 幼儿相互介绍自己报名的小学名称和自己看到的小学是什么样的。

3. 教师：你知道小学生在学校里做什么吗？
4. 幼儿简单地说说自己了解的小学生活。

二、观看小学生介绍视频，了解小学生活的不同方面。

1. 教师：小学生到底是怎样上学的呢，今天请你们看看哥哥姐姐的介绍。请你认真听一听他们的介绍，想一想和你知道的有什么不同。
2. 观看课件视频"小学生的介绍"。
（1）四名小学生分别介绍自己的姓名、学校及年级。
（2）四名小学生分别介绍自己在学校的学习生活。
（3）小学生边讲边展示自己的作业本，朗诵诗歌或讲故事，演示握笔姿势等。
3. 讨论小学生在学校的生活。
（1）师生共同讨论：哥哥姐姐给我们介绍了什么？（上课、做作业、遵守纪律、做值日生四个方面）
（2）教师：听了小学生的介绍，你有些什么想法？准备怎样努力做一名优秀的小学生？
（3）幼儿两两相互交流自己想努力的内容。
（4）幼儿集中交流。
（5）教师小结：激励幼儿争取做一名优秀的小学生。

三、运用绘画的方式表达自己想如何做一名光荣的小学生。

1. 教师：你能把你刚才想到的内容画下来吗？你会怎么画？
2. 幼儿简单交流。
3. 幼儿进行"我是小学生"的绘画创作。

活动二　参观小学（综合）

活动目标

1. 通过参观小学，初步了解小学生上课和活动的场所，感受小学和幼儿园的不同之处。
2. 能在教师的指导下参与体验活动，并遵守活动规则。
3. 大胆表达自己的所见所闻，萌发做一名小学生的愿望。

活动准备

物质准备：事先与附近的小学联系好参观事宜；记录表一份。

经验准备：对小学有初步的了解。

活动过程

一、唤起幼儿已有经验,激发其参观小学的愿望。

1. 教师:小朋友们很快就要上小学了,小学是什么样的?你想知道小学生的什么秘密呢?今天老师就要带你们去参观小学了。

2. 集体讨论,明确参观要求与任务。

二、幼儿集体前往小学参观。

1. 教师向幼儿说明参观小学时的重点及注意事项,如:走路要排队、不可奔跑喧哗、要有礼貌、有问题要先举手再发言。

2. 教师引导幼儿观察小学门口的校牌及家长送孩子上学的情景。

3. 引导幼儿观察小学生晨间活动(晨读、劳动等),教师用相机一一拍下。

4. 在接待教师的带领下,了解各场所的用途(教室、图书室、电脑室、实验室等,可向幼儿简单介绍相关教学设施应如何使用)。

5. 组织幼儿实地体验小学厕所,学习看男女生性别标志入厕。

三、幼儿回园交流,加深对小学的认识。

1. 教师:最喜欢小学哪一个地方?小学和幼儿园有什么地方是一样或不一样的?

2. 幼儿自由交谈感受。

3. 教师:今天是我们第一次接触小学,大家发现了许多秘密。大家可以用笔把自己的发现和问题记录下来,与好朋友交流。

四、幼儿将参观时自己印象最深的内容进行记录。

活动三 有用的日历(数学)

活动目标

1. 了解日历的大致结构,学习看日历,发现日历与生活的密切关系。
2. 学习观看竖列,找到相应的日期是星期几。
3. 能细心进行操作活动,按规则完成任务。

活动准备

物质准备:

1. 教具:自制日历一本、红色记号笔。
2. 学具。

第一、二组"找节日":画有常见节日图标的日历(将日期覆盖并压膜,以使幼儿用水彩笔画后能擦拭)、水彩笔、抹布。

第三、四组"我的生日":日历(6本),幼儿的大头照。

第五、六组"圈出相同的星期":打印日历并压膜(以使幼儿用水彩笔画后能擦拭)、抹布。

经验准备:知道一年有12个月、一个星期有7天等。

活动过程

一、出示日历,了解日历的用途。

1. 教师:你们知道这是什么吗?从哪里看出来的?

2. 引导幼儿通过观察日历封面来判断年份。

3. 教师:日历有什么用途呢?

二、观察日历,初步学习使用日历查找日期。

1. 引导幼儿在日历上查找日期。

教师:今天是几月几日?你能找到今天吗?

教师:你是怎么找到的呢?引导幼儿了解查找方法,知道先找月份再找几号。

2. 寻找日历中的年、月、日。

教师:我们在日历上找一找,看一看,还有什么数字?表示什么意思?

引导幼儿观察日历,了解大数字表示月,小数字表示日。

三、观察日历,观察星期的排列顺序。

1. 认识星期的排列,知道一个星期有七天。

教师:日历上除了有表示日期的数字,你们知道最上面一排是表示什么的吗?

教师:一个星期有几天?在日历上是从星期几开始的?

2. 游戏:找星期。

(1)找一找:今天是星期几?你是怎么知道的?

(2)看看小猴子用了什么好方法。

借助小猴子爬杆的方法,理解竖直向上寻找星期的方法,感知列的概念。

(3)尝试用小猴子的方法找出星期几。

(4)了解列中的"日期"和"星期几"的对应关系。

四、小组游戏。

1. "找节日"。

教师:在日历上找到节日的日期,并写出来。

2. "我的生日"。

教师:在日历上找到自己的生日并在那天贴上自己的照片。

3. "用圈圈出一列相同的星期"。

教师：找一找每个月中的星期 × 有哪几天，并说一说自己的生日是星期几。

五、评价与小结。

将作业单收集起来，做成一本完整的日历。

活动四　热闹的小学（美术）

活动目标

1. 用绘画的方式记录自己在小学的所见所闻。
2. 运用线条表现人物动作和面部的细节特征。
3. 能用积极的态度欣赏和评价他人的绘画作品。

活动准备

物质准备：自制课件（小学教学楼图片 2 张；教室里的座椅等内景图片 2—3 张；操场上的场景图片 2—3 张），彩色打印纸或彩色卡纸，黑色勾线笔。

经验准备：已参观过小学校园，对小学环境有了解。

活动过程

一、以谈话的形式触发幼儿的回忆。

1. 教师：这几天我们参观了小学，你们喜欢小学吗？最喜欢小学里的什么？你印象最深的事情是什么？
2. 幼儿说一说自己的想法。
3. 欣赏课件，进一步帮助幼儿回顾，感受小学的热闹场景。

教师：我们参观的学校房子是什么样子的？（房子的形状、高矮不同，前后遮挡等）教室里的桌椅是怎么摆放的？（整齐）哥哥姐姐在操场上做了些什么？（人的正面和侧面，动作不一样）

幼儿自由讨论和发言。

小结：小学有宽敞的操场、很多教室，小学的课间真热闹。

二、明确绘画主题，幼儿进行绘画创作。

1. 教师：你能把自己看到的小学画出来吗？你想画什么？
2. 幼儿相互交流，教师引导幼儿思考画面的主要内容和构图。
3. 幼儿进行创作，教师巡回指导。
4. 教师提醒幼儿先仔细想好，再动笔。可以先画楼房，再画配套设施和花草树木，大胆表现小学生的不同动作，鼓励幼儿从不同的角度画出自己看到的美丽热闹的校园。

三、欣赏与评价。

1. 教师组织幼儿互相欣赏作品，并请个别幼儿介绍一下自己绘画的内容。

2. 小结：我们马上就要进入小学了，今天大家把我们心中的小学画下来了，将来我们要爱护小学里的一切东西，使我们的小学永远都那么美丽。

活动五　起床后（健康）

活动目标

1. 了解每天起床以后要做的事情，知道要有序并迅速地完成这些事情。
2. 通过讨论、情境体验、排图等方法，初步学习为自己制订合适的起床后的计划。
3. 感受有计划的生活、游戏、学习带来的方便。

活动准备

物质准备：将调查表统计成一张图表，准备一组起床后要做的事情的照片、图片排列底板、胶棒、投影仪；一位小学生拍摄的情境表演视频。

经验准备：幼儿在活动前的绘制起床后要做的事情的小图标，熟悉起床后的内容。

活动过程

一、借助"经验调查表"，让幼儿了解爸爸妈妈担心的事情。

1. 教师：我们就要成为小学生了，爸爸妈妈会担心我们哪些方面呢？

2. 教师请幼儿观察统计好的调查结果，了解爸爸妈妈们的担心（如起床动作慢、做事没条理、依赖成人的帮助等）。

二、幼儿了解每天起床以后要做的事情。

1. 教师请幼儿结合自己绘制的小图标，介绍每天起床后要做的一些事情。

2. 教师借助照片帮助幼儿把每天起床后要做的事情一一罗列出来（每天起床后需要做的事情主要有穿衣、整理床铺、入厕、盥洗、进餐等）。

三、幼儿通过观看情境表演，知道起床以后要有序并迅速地完成各种事情。

1. 组织幼儿讨论：我们怎样才能把起床以后的事情做得又快又好呢？

2. 引导幼儿观看情境表演，启发幼儿在情境中发现问题，并讨论正确的方法。

教师：你觉得这位阿姨的做法好不好，为什么？怎样做更好？

3. 幼儿再次欣赏用正确方法进行的情境表演，比较前后两次的不同。

小结：每天起床以后的事情很多，我们要想好先做什么，再做什么，最后做什么，每天都应该有条理地完成这些事情。

四、幼儿为自己制订起床后的计划。

1. 幼儿用绘制好的小图标，在地板上排列顺序，完成自己的"起床计划"。
2. 教师请幼儿介绍自己的"起床计划"。
3. 教师总结，鼓励幼儿将"起床计划"带回家中，并贴在床头，请爸爸妈妈每天督促自己按照计划完成任务，养成良好的晨起习惯。

第三周　活动一　一拳一尺一寸（健康）

活动目标

1. 知道在书写和阅读时，要注意坐姿端正、握笔正确，并注意用眼卫生。
2. 能仔细观察画面，用连贯的语言表达图片的内容。
3. 学习自己动手制作学具，在学具的帮助下用正确的姿势练习书写。

活动准备

物质准备：

1. 教具：图片"一拳一尺一寸"（小学生书写的正确坐姿和握笔姿势）。
2. 学具：剪刀、长尺、长 PVC 条、彩色不干胶；铅笔、计算作业人手各一份。

经验准备：参观过附近的小学，并见过小学生上课。

活动过程

一、师幼共同回忆参观小学的情景。

幼儿相互说说小学生是怎样上课的。

二、幼儿阅读幼儿用书，教师结合画面组织幼儿讨论。

1. 师幼一起看"一拳一尺一寸"第一页。

教师：图上有谁？他们上课时是怎么坐的？

小结：铃声响，进教室，小朋友们要安静。腰挺直，脚落地。不摇不晃动脑筋。举手发言声音响，学习本领要专心。

2. 师幼一起看"一拳一尺一寸"第二页。

教师：图上的小朋友在干什么？他是怎样拿笔写字的？

小结：握笔写字时，大拇指和中指握住笔的两旁，食指压在笔的上端，握笔时不要离笔尖太远也不要太近（一寸距离），把笔的中间靠在手的虎口位置。腰挺直，胸部离桌面一拳距离，眼睛正视作业或者黑板。

3. 师幼一起看"一拳一尺一寸"的图片。

教师：这个小学生坐姿漂亮吗？看书的时候应该怎么坐？看书的时间长了，我们可以用什么方法保护眼睛？

小结：看书时应和书本保持一定的距离。时间长了，应该让眼睛休息一下，可以做眼保健操，也可以向远处看。

三、师幼一起制作学具，并用正确的姿势书写作业。

1. 教师：书写的正确姿势是什么样子的？书写时怎样才能达到"一拳一尺一寸"这三个要求呢？

2. 教师启发幼儿制作各种辅助书写的学具。

3. 幼儿选择材料制作学具，教师巡视指导。

4. 幼儿使用自制的学具，教师观察幼儿使用情况，表扬认真的幼儿。

活动二 课间十分钟（社会）

活动目标

1. 学会合理安排课间休息时间，增强自理能力。
2. 能运用排序的方法明确做事的先后顺序。
3. 在体验中感受合理安排生活的重要性。

活动准备

物质准备：教室内布置有男女卫生间、饮水处、课桌椅；操作单及图卡（内容为上厕所、喝水、书包、玩游戏等）；幼儿人手一个书包。

经验准备：知道小学生课间有休息时间。

活动过程

一、通过游戏，幼儿了解"课间休息"的意思。

1. 教师：小学生在学校里的任务是什么？一天要上几节课？有没有休息的时候？叫什么？（课间休息）

2. 请幼儿扮演小学生模拟上课。

3. 教师播放音乐，表示下课，幼儿模拟下课。

二、观看视频，幼儿了解小学生的课间生活内容。

1. 教师：刚才下课时，你们做了什么事？
2. 幼儿自由发言，反馈自己的想法。
3. 教师将幼儿说到的内容用图卡统计归类。
4. 观看小学生课间活动视频，丰富幼儿对课间的经验。
5. 再次讨论，根据视频中小学生的介绍补足图卡（饮水、上厕所、玩游戏、准备书本）。

三、在操作体验中，幼儿明确如何合理安排课间休息时间。

1. 教师：这么多的事情，你觉得应该先做什么，再做什么呢？
2. 幼儿分组讨论并将本组操作单排序。
3. 交流幼儿的操作单，请每组代表发言说说这样排序的理由。
4. 观看视频，了解小学生是怎么做的。
5. 幼儿重新调整操作单。
6. 教师与幼儿模拟游戏，按序进行逐项操作。
7. 以幼儿的图卡排序进行小结。

四、模拟放学，结束活动。

1. 教师：今天的学习结束了，马上要放学了。小朋友应该做什么呢？
2. 幼儿收拾书包，离开教室。

活动三　放学路上（数学）

活动目标

1. 理解"→""←""↓""↑"四个不同方向的箭头所表示的意义。
2. 学看路线图中箭头所指的行走方向和数字提示，尝试画出从起点到终点的行走路线。
3. 在讨论中大胆表达自己的想法，并听取同伴的不同意见。

活动准备

物质准备：

1. 教具："→""←""↓""↑"四个不同方向的箭头标记图。
2. 学具。

    第一、二组"放学路线图"：铅笔。

第三、四组"走迷宫"：铅笔。

第五、六组"上学棋"：棋谱、骰子、棋子。

经验准备：了解不同的方位以及在生活中观察了解过箭头的作用。

活动过程

一、认识箭头，理解箭头所表示的意思。

1. 教师出示四个不同方向的箭头标记图。

2. 教师：你们认识这些标记吗？在哪里看过这些标记？这几个箭头分别表示什么意思？

二、明确路线图中每一步的行走方向。

1. 出示"放学路线图"。

2. 教师：豆豆从学校放学回家有两条路可以走，这里分别是两张路线图（出示路线图片），图中每个格子里的箭头和数字可以告诉我们什么？

3. 教师：第一条路线图的第一步往哪个方向走？第二步和第三步呢？

4. 师幼共同读一读两条线路图每一步的行走方向。

三、画出从起点到终点的行走路线。

1. 教师出示迷宫线路图。

2. 教师：这张线路图上有什么？灰兔和白兔分别要去找什么？

3. 师幼共同讨论小兔找萝卜的线路是否是唯一的。

4. 引导幼儿根据每一步的行走方向进行记录：第一步指向哪个方向？记录什么？（要从小兔所在的格子出发，根据行走方向画一条短线到下一格的脚印处以记录箭头方向）

5. 分别请部分幼儿尝试接着往后画出每一步的行走路线。

四、幼儿分组操作活动。

1. "放学路线图"。

教师：在路线图中按箭头和数字提示画出豆豆回家的两条不同路线。

2. "走迷宫"。

教师：目测小兔找萝卜可以行走的路线，在迷宫中画出自己设计的行走路线。

3. "上学棋"。

教师：和同伴一起下棋吧，互相检查走棋的路线是否正确。

活动四 戴红领巾的哥哥姐姐（美术）

活动目标

1. 感知儿童五官的主要特征，能用大构图画单一主体的方式画出哥哥姐姐的头像，用红领巾表现出小学生的特征。
2. 通过观察和讨论了解红领巾的绘画方法，巩固画正面人像的技能。
3. 感受黑、白、红三色装饰带来的美感。

活动准备

物质准备：佩戴红领巾的小学生照片2—3幅、黑色和红色勾线笔、素描纸、背景音乐《神秘园》。

经验准备：参观过小学，看过小学生上课。

活动过程

一、导入活动，引起兴趣。

1. 教师：哥哥姐姐们在干什么？他们的脖子上戴着什么？
2. 教师：戴红领巾的小学生们有一个共同的名字，叫少先队员。少先队员都要戴红领巾。你们知道红领巾是什么样的吗？

二、观看照片讲述佩戴红领巾的小学生的特征。

1. 教师：红领巾是什么颜色？什么形状的？（红领巾是红颜色的三角形领巾，代表红旗的一角，每个少先队员都要佩戴它、爱护它）
2. 教师：佩戴红领巾的哥哥姐姐的精神状态是什么样的？
3. 重点引导幼儿说说参观时给自己留下最深印象的哥哥或姐姐的脸型、发型和五官特征。

三、交代要求，幼儿作画。

1. 教师：让我们一起来画一画戴着红领巾的小学生吧！画出他们自信而快乐的样子！（教师巡回指导幼儿要把人物画大）
2. 幼儿作画。

四、评价作品：夸夸哥哥姐姐。

1. 教师：我们都画了当上少先队员的小学生们，让我们来夸一夸他们吧！说说他们哪方面表现好才当上少先队员的。
2. 感受黑、白、红三色构成的画面的独特美感。

教师：我们今天的作品都是由哪些色彩构成的？你觉得这些由黑、白、红三色构成的画颜色搭配得美吗？以后我们还可以将这三种颜色的组合运用到其他装饰画中。

活动五　筛子的妙用（科学）

活动目标

1. 认识筛子，了解筛子有分离物体的作用，能给生活带来便利。
2. 生活中能利用篓子替代筛子分离物体，发现筛孔的大小与被分离物体大小之间的关系。
3. 体验分离物品的乐趣，培养耐心、细致的操作习惯。

活动准备

物质准备：大米、玉米面、黑米、绿豆、花生混合物若干；大图标记录表；细孔筛子、孔眼大小不同的篓子；"筛子广泛运用"PPT。

经验准备：幼儿已认识以上材料。

活动过程

一、情境导入，吸引幼儿注意。

教师：今天，厨房的阿姨不小心把大米和玉米面混在一起了。想请小朋友帮忙，你觉得能分开吗？

二、幼儿操作：发现筛子的作用。

1. 教师：我准备了一个工具，是什么？（筛子）请你想办法把它们分开，看看这个工具怎么用。

2. 幼儿分组操作，教师观察指导。分好后将两种物品分类。

3. 小结：原来筛子上有许多筛孔。比筛孔小的东西会从筛子中漏下去，比筛孔大的东西留在筛子中，这样就把两种东西分开了。

三、通过猜测和实验，发现筛孔大小与被分离物大小的关系。

1. 介绍操作材料。

教师：三种东西的混合物，有黑米、绿豆、花生，它们一样大吗？谁大谁小呢？还用这个筛子能行吗？我找到了几个篓子，能帮到你们吗？

2. 幼儿根据猜想做出自己的操作计划，教师在大表上进行记录。

3. 幼儿根据计划进行操作，验证刚才的猜想。

4. 交流操作过程及结果，得出结论：1号篓子的孔比花生小，比绿豆和黑米大，所以能筛出花生；2 号簸子的孔比绿豆小，比黑米大，所以就分开了。

教师：原来孔的大小不一样，筛出来的东西的大小也不一样。

四、观看 PPT，了解筛子在日常生活中的用途。

教师：在日常生活中，筛子还有很多用处呢，我们一起来看一看。

第四周　活动一　一个难题的解决（语言）

活动目标

1. 仔细观察图片，了解故事的主要内容。
2. 通过提问和表演等形式，增强对故事内涵的理解。
3. 体验自主思考的快乐，懂得要从不同的角度去认识问题才能更好地解决问题。

活动准备

物质准备：故事开头的道具（积木搭成的城门、古装的帽子、比城门高度长的竹竿）。

经验准备：有看图表述的经验。

活动过程

一、师幼共同玩故事中的游戏，导入活动。

1. 游戏"扛竹竿"，幼儿尝试将与门框平行摆放的竹竿扛进教室，在游戏情境中理解故事《截竿入城》。
2. 教师：在很久以前，发生了一件有趣的事，一个年轻人遇到难题了。

二、教师出示故事图片，幼儿自主阅读。

1. 教师：可以和旁边的小朋友说一说你看到的，讨论讨论。年轻人后来是怎样解决进城门的难题的？
2. 师幼共同看图，教师讲述故事。
3. 教师：后来谁来了？他来干什么的？你是怎么知道的？他的办法是什么？年轻人听了这个方法后是怎么做的？（请幼儿分别学学他们的样子）
4. 教师完整讲述故事后和幼儿讨论故事的名字为什么叫"截竿入城"。

三、迁移幼儿的经验，提升对寓言的认识。

1. 教师：你认为故事中的年轻人是个什么样的人？老爷爷又是一个怎样的人呢？
2. 幼儿讨论故事中的人物特点。
3. 教师：你认为热心肠老爷爷的办法好吗？为什么？辛辛苦苦一路带着长竹竿是不是白

忙活了？竹竿是否一定要变成两截才能进城呢？

4. 幼儿扮演年轻人想办法尝试进城门，尝试由一名幼儿讲述、多名幼儿表演旁述默剧的方式。

5. 教师：其实在我们的生活中会遇到很多难题，读了这篇故事后，你有怎样的启发？

附：寓言故事

截竿入城

古时候，有一个年轻人，拿着一根长长的竹竿打算进城，可是竹竿太长，城门太低，横摆竖摆都拿不进去，急得他满头大汗。有个老爷爷热心肠，凑到跟前来帮忙。"你把竹竿截成两段，出出进进不就方便了吗？"好主意，好主意，年轻人听了大笑！连忙锯竹竿，心里高兴地想，还是您老聪明。

竹竿短，肩上扛，边走边把小曲唱。进城门，出城门，得意洋洋告诉人。脑子活，主意多，这个难题难不住我！

活动二　不再麻烦好妈妈（音乐）

活动目标

1. 学习歌曲，能按节拍唱出 ×× 0× ｜节奏中休止符后的歌词部分。
2. 探索歌曲前后两部分不同的表现手法，学习为歌曲增编新词。
3. 看指挥进行领唱、齐唱，注意控制与调节自己的声音，使之与同伴相协调。

活动准备

物质准备：曲谱。

经验准备：知道妈妈为了照顾自己做了很多事情，进行过爱妈妈的教育。

活动过程

一、教师与幼儿谈话，引出活动。

1. 教师引导幼儿谈谈在家里做事的情况。

教师：你们在家里哪些事情是自己做的，哪些事情还要妈妈替你们做？

2. 教师根据幼儿的谈话内容进行小结，表扬幼儿已经长大，不再什么事都麻烦妈妈，是爱妈妈的好孩子。

二、幼儿学唱歌曲《不再麻烦好妈妈》。

1. 教师范唱两遍。唱完后请幼儿按照顺序说说歌词里提到了哪些事情。

2. 教师将幼儿说的事情用歌词加以重复。

3. 幼儿跟着教师随音乐节奏学念歌词。在念的时候,教师注意提示幼儿念出 ×× 0× ｜ 部分的歌词。

教师:我们一起听着音乐说说歌词。

4. 幼儿跟随教师轻声地学唱。教师提示幼儿注意倾听自己是怎样唱 ×× 0× ｜ 中休止符后的歌词的,并让幼儿单独练习这一部分。

教师:仔细听一听我是怎样唱"你歇会儿吧"和"我会做了"这两句歌词的。我们一起来练习。

5. 幼儿完整演唱歌曲2—3遍。

三、幼儿在教师帮助下探索歌曲前后两部分不同的表现手法。

1. 教师启发幼儿分析这首歌曲中所表现的情感,共同讨论怎样唱这首歌。

教师:你们已经长大了,自己能做自己的事,心里感到怎么样?想一想,应该用什么情绪来唱这部分歌词?（自豪、欢快地）

教师:最后两句是说你们不愿意再麻烦妈妈,而且表示了对妈妈的爱。想一想,应该用什么唱法来唱这两句歌词?（连贯、抒情地）

2. 教师让幼儿尝试用讨论后确定的情绪来唱这首歌。先集体唱,再请几名幼儿单独唱,然后进行评价。

教师:说说他们什么地方唱得好。我们大家一起来用好听的声音齐唱这首歌,好吗?

四、幼儿学习领唱、齐唱。

1. 教师组织幼儿讨论怎样领唱、齐唱,共同选择几种合适的唱法。

教师:你们觉得什么地方适合领唱,什么地方适合大家一起唱?

2. 教师指挥幼儿用选定的方法一一进行练唱。

教师:下面我们把刚才大家想出的领唱、齐唱的方法都试一试。

五、幼儿为歌曲创编歌词。

1. 教师启发幼儿想想自己还会做哪些事情。请每位幼儿说出一件事情,并请几位幼儿到前面进行领唱。

2. 教师:刚才这四位小朋友说出了四件事情,唱到这部分歌词的时候,请这四位小朋友唱,其他部分请全班小朋友一起唱。

附：歌曲《不再麻烦好妈妈》

颂今 千红 词
颂今 曲

$1=C \frac{2}{4}$

5 56 | 5301 | 4. 3 | 2 0 | 5 5ⅰ | 5301 |
妈 妈妈 妈你 歇会 儿 吧， 自己 的 事儿 我

4. 3 | 2 0 | 3432 1 1 | 3432 1 1 |
会 做 了。 自己 穿衣 服 呀， 自己 穿鞋 袜 呀，

3234 | 5 5 | 3234 5 5 | ⅰ - | 5 - |
自己 叠被 子 呀， 自己 梳头 发 呀， 不 再

432 | 6 - | 5403 | 2 3 | 1 - | 1 0 ||
麻烦 你 呀， 亲爱 的 好 妈 妈。

活动三 有趣的沙漏（科学）

活动目标

1. 了解沙漏的计时作用。
2. 在操作过程中探究沙漏速度与漏口大小、沙量多少的关系。
3. 在合作中比较、观察、判断，促进同伴间相互学习。

活动准备

物质准备：两种不同颜色的沙漏（分别为1分钟沙漏和3分钟沙漏）、塑料小瓶子若干（瓶盖上分别钻1个相同大小的漏洞）、有红色标记线的沙漏2个（分别钻有1个和3个相同大小

的漏洞)、细沙、漏斗、记录表、勺子。

经验准备:有过小制作的经验。

活动过程

一、在游戏情境中认识沙漏。

教师:请两名幼儿玩"垒高楼"的游戏,看看相同时间谁垒得更高。可是老师没带手表,这个沙漏可以怎么帮助我们?

二、观察沙漏。

1. 玩沙漏。

教师:老师今天给每组小朋友都带来了两个沙漏,看看这两个沙漏有什么不一样。

2. 每组幼儿自己玩一玩两种不同颜色的沙漏,比一比。

3. 集体交流。

教师:现在将沙漏放进篓子里,来说一说你发现了什么。(沙子会从上面漏下来;有的先漏完有的后漏完……)

三、制作沙漏。

1. 教师:沙漏在古代是用来计时的,就像我们现在的钟表一样。以前没有钟表,人们用日晷、水漏和沙漏等工具来计时。

2. 教师:我们也来做一个沙漏吧,需要哪些材料?怎么做?

3. 幼儿自制沙漏。

四、探寻沙漏的奥秘。

1. 沙量不同的实验。

教师:是沙子多的流得快先漏完,还是少的先漏完?我们请一组小朋友来比一比。

教师出示记录表,表上画有3个沙漏分别装少、中、多的沙量,请三名幼儿分别用装有少、中、多沙量的沙漏进行实验。

当教师说"开始"的时候,三名幼儿将沙漏同时倒过来,分别将漏完的顺序记录在表格中。

教师:原来同样的沙漏,沙子少的漏得快,沙子多的漏得慢。

2. 沙子等量的实验。

教师:这次我准备了两个有红色标记线的沙漏。我们来看看这两个沙漏中沙子一样多吗?同样多的沙子,漏的速度一样快吗?

将两个沙漏同时倒过来,幼儿观察比较漏完的顺序。

教师:为什么这组的比赛结果和刚才我们发现的规律不一样?为什么同样多的沙子,有的漏得快,有的漏得慢呢?

幼儿大胆猜测原因。

教师出示实验的两个瓶盖给幼儿对比,在记录表上画上漏孔(1个和3个)。

教师：原来，在沙子一样多的情况下，孔越多漏得越快。

五、进一步了解沙漏的作用。

1. 教师：今天，我们小朋友通过自己的观察和实验，发现了沙漏的很多秘密，之前老师带来的就是不同分钟数的沙漏，有1分钟和3分钟的。

2. 借助沙漏比赛收材料。

教师：我们来用1分钟沙漏进行收拾整理计时，在沙子漏完之前也就是1分钟以内要将自己的操作材料收拾好！1分钟沙漏倒计时开始！

活动四　我们也能做（健康）

活动目标

1. 了解小学生活中午餐环节的自我服务内容。
2. 能有序地安排自己进餐前后的各项准备和收拾等事情。
3. 学会适应独立的生活环境。

活动准备

物质准备：小学生在校吃饭和午间休息的生活录像。

经验准备：参观过小学校园。

活动过程

一、谈论自己对小学生活的设想，引发对参与活动的兴趣。

教师：你知道小学生每天在学校里会做哪些事情吗？他们在哪里吃饭？和我们一样吗？

二、观看小学生在校吃饭和午间休息的生活录像。

1. 讨论：

（1）哥哥姐姐中午吃饭时有老师在吗？老师在做什么？

（2）需要添饭或有其他要求时怎么办？

（3）吃完饭后哥哥姐姐会做什么？（收拾整理、休息、做作业等）

2. 小结：小学生在校吃饭时会由值日生负责为大家做准备，比如分饭和发餐具等。吃饭时不说话，安静就餐，吃完要自己收拾和打扫桌面。最后做一些安静的、不打扰别人休息的活动。他们做这些事情都很有序。

三、对照小学生的生活，通过实践来体验独自而有序的自我服务。

1. 教师：我们也能像录像中的哥哥姐姐一样自己在餐厅吃饭，为自己服务吗？我们来模拟一下，想想值日生应该先做什么，再做什么。

2. 教师和幼儿讨论出值日生的服务项目并画出图片：发餐盘、发筷子、端饭、检查餐桌等。

3. 幼儿模拟小学生在食堂进餐的情境，值日生有序地为本组进行进餐服务，幼儿体验自我服务的快乐。

4. 教师：刚才在模仿游戏中遇到了什么问题？你是怎么解决的？遇到这样的情况还可以怎么做？

5. 幼儿结合具体问题进行讨论。

6. 教师：除了午餐环节，小学生还需要自己整理书包和抽屉、自己打扫教室、自己记作业等，你愿意尝试自己独自来做这些事情吗？

活动五　夹包跳（体育）

活动目标

1. 能用双脚夹住沙包用力跳起，向前抛出沙包，并落在原地。
2. 通过夹包跳的游戏，发展跳跃的协调性和灵活性。
3. 体验玩沙包和竞赛游戏的乐趣。

活动准备

物质准备：沙包若干、呼啦圈若干、障碍条、背景音乐。

经验准备：玩过闯关游戏。

活动过程

一、热身运动。

1. 幼儿排成一队跑步进入热身场地。
2. 播放音乐进行热身活动，重点活动脚踝和膝盖。

二、谈话导入，激发运动兴趣。

1. 师幼共同讨论沙包的玩法。
2. 幼儿自由玩沙包，拓展沙包的玩法。

三、闯关游戏，逐步掌握"夹包跳"的动作要领。

1. 幼儿分组进行闯关游戏。

（1）第一关："小兔跳"（夹紧沙包往上跳）。

通关秘诀：一人一个圈，夹紧沙包原地跳起，跳后落在原地。

（2）第二关："蜻蜓点水"（夹紧沙包向前跳圈）。

通关秘诀：夹紧沙包，一个圈一个圈向前跳。

（3）第三关："愤怒的小鸟"（夹紧沙包跳并投准）。

通关秘诀：夹紧沙包跳后投出去，投出后落回原地。

第三关可以反复练习2—3次，提醒幼儿双脚在跳起的过程中要用力向前投沙包。

2. 通过三关即可拿到最终挑战的能量卡。

四、终极挑战："投石过河"。

1. 介绍游戏规则：每6个幼儿为一队，依次轮流跳到"小河"边，在横线处用"夹包跳"的方法把沙包投过小河，上一个幼儿将沙包投过小河后，下一个幼儿才能出发，最先完成的为冠军队。

2. 幼儿热身赛，教师指导，强调比赛规则。（保证动作规范）

3. 教师小结热身赛情况和出现的问题。

4. 幼儿竞赛。（要求动作规范并保证速度）

5. 教师小结，向优胜队表示祝贺，为失利队加油。

五、结束部分。

1. 在舒缓的音乐声中师幼一起放松小腿等部位，活动在愉快的气氛中结束。

2. 师生共同收拾整理材料。

主题活动二
生活中的数字

主题活动二
生活中的数字

主题意图

生活中处处有数字，对数字的理解当然也不能局限在书本中，运用数学概念解决生活中的问题，也是学习数学的良好途径。在本主题中，教师和幼儿一起在数字王国中遨游，从幼儿园、家庭、社会中寻找数字、发现数字、统计数字、运用数字。

数字学习容易让幼儿感到枯燥无趣，但在本主题中，教师巧妙地把数字与生活紧密结合起来，或直接运用真实的情境，或让幼儿在游戏情境中发现问题、解决问题，前一个活动是后一个活动的准备，后一个活动是前一个活动的延伸，层层递进，层层挑战，让幼儿在游戏中学习，在游戏中得到发展，真正体验到数字的有趣、学习的有趣。

本主题中的数字不仅仅运用在数学领域，在文学、艺术领域中，数字也以独特的形式存在，幼儿们也将在有关这些领域的主题活动中感受、表现数字。

主题目标

健康：
1. 关心自己身体的变化，知道数字可以表示身高、体重等。
2. 知道食品袋上有生产日期和保质期限，懂得它们的意义。
3. 了解几种常见的保存食物的方法，如冷藏、冷冻、干燥、罐装等，知道要食用新鲜的食品。
4. 能连续跳绳，动作协调、灵活，远足 1.5 公里以上。

语言：
1. 在集体中能专心倾听，理解语句的意义，并能根据要求完成任务。
2. 在调查中，用礼貌、清晰的语言表达并与他人进行沟通。
3. 依据数字在生活中的运用自编故事，并为自编的数字故事配上图画。

4. 对图书和生活中的各种符号感兴趣，并尝试做简单记录。

社会：

1. 能主动承担并认真完成调查任务，遇到困难时不放弃，有任务意识和自信心。
2. 能有礼貌地与人交往，关心周围的环境和变化。
3. 愿意将自己的调查结果与大家分享。
4. 有初步的时间观念，学会守时。
5. 尊重生活中为我们服务的人，珍惜他们的劳动成果。

科学：

1. 发现生活中的数字，理解生活中的数字所代表的含义，感受数字在生活中的作用，尝试利用数字去解决生活中的简单问题。
2. 用简单的记录表、统计表来表示简单的数量关系。
3. 掌握基本的分类标准，尝试根据标准进行分类，并进行记录。
4. 学习 8 以内数的分解与组成，体验总数与部分之间的包含关系，部分与部分之间的互补和互换关系。
5. 学习 8 以内的加减，理解其含义。初步学习加减运算，体验加减互逆关系。
6. 认识人民币，并能说出各种钱币的面额。
7. 在教师的帮助下能制订简单的调查计划并执行。
8. 调查中能用数字、图画、图表或其他符号记录自己的发现。
9. 认识温度计，并能根据温度计上的刻度记录温度。通过观察、比较，发现温度的前后变化，尝试建立幼儿园气象站。

艺术：

1. 认识音阶和 1—7 音符，并能正确唱出唱名。
2. 在歌唱活动中感受和表现诙谐、轻松的情绪，学习创编衬词。
3. 通过尝试、比较等方法选择与乐曲节奏较为合适的乐器进行演奏。
4. 体会数字变形的美感，根据数字形状能运用多种工具、材料大胆地表征。

主题网络图

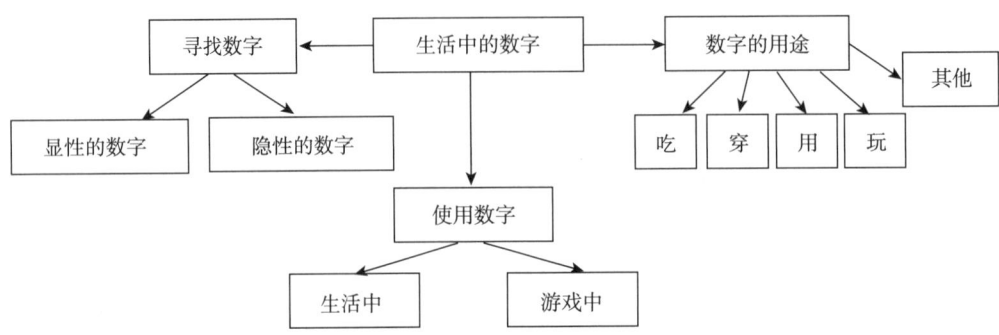

环境创设

1. 班级中处处都体现了数字在生活中的作用，比如给班级的玩具编号，给班级创造性游戏中的商品定价，每天晨谈中突出的日期、温度等内容。
2. 搜集生活中各种数字的图片，帮助幼儿进一步丰富关于数字在生活中运用的经验。
3. 将数字组合制作成各种有趣的动物、人物造型，展现数字变形的趣味。
4. 提供各种钟表的图片放置在美工区，让幼儿在观察的基础上尝试拼出各种不同造型的钟表。
5. 将幼儿在集体活动、区域活动中的美工作品进行展示，丰富班级的主题环境。

三方互动

教师——引导幼儿发现生活中有关数学的问题，并鼓励幼儿通过自己的探索、实践，学会解决生活中的各种简单问题；进一步激发幼儿对数学活动的兴趣，培养善观察、勤思考的良好学习品质。

幼儿——对数字感兴趣，能够主动寻找周围生活环境中有趣的数字，会将数字进行简单的分类，发现一些简单的数量关系及空间关系，感知数字与人们生活的关系。

家长——日常生活中引导幼儿观察身边数字所代表的意义，拓展幼儿对数字的认识；配合幼儿园的教学活动，指导幼儿到超市、社区等环境中进行数字调查；积极配合幼儿园开展数字剧场的表演游戏。

特色活动

	活动	活动准备	指导要点	参与幼儿
健康大活动	远足	事先规划好路线，幼儿做好物质准备	从幼儿园远足到清凉山，连续行走 1.5 千米	本班幼儿
安全教育活动	外出参观时的安全	识记马路上的安全标记	跟随大部队，注意周围的车辆和各种安全标记	本班幼儿
户外活动	幼儿园里的气象站	已会使用温度计	用温度计测量幼儿园里不同地点的温度，并记录下来	部分幼儿
	植物的生长变化	尺子、绳子、小棒等测量工具	在种植园地利用正规测量工具和非正规测量工具测量比较植物的生长	部分幼儿
语言活动	我身体是把漂亮的尺子	绘本《我身体是把漂亮的尺子》或 PPT	理解故事内容，知道用自己的身体也可以进行测量	本班幼儿
	我的一天	绘本《我的一天》或 PPT	通过故事，了解一天中主人公的工作历程，并认读书上的时间	本班幼儿
	过去的人们是怎么数数的	绘本《过去的人们是怎么数数的》或 PPT	通过绘本了解过去的人是如何数数的，增强对过去的了解	本班幼儿
	特别的音乐故事	绘本《特别的音乐故事》或 PPT	寻找音乐中隐藏的数学，感受其中的美	本班幼儿
音乐活动	哆来咪	钢琴或成品音乐录音	复习歌曲，并尝试进行简单的轮流表演	本班幼儿
	课间十分钟	钢琴或成品音乐录音	演唱歌曲，并进行歌曲表演	本班幼儿
	五只小青蛙	钢琴或成品音乐录音	在歌曲中感受数量的不断变少，感受歌曲的趣味	本班幼儿

区域活动

	活动与指导要点	幼儿发展目标	材料与层次
建构区	活动：热闹的街道 指导要点：设计平面图，将场地划分成不同的街区。分工合作运用各种技能进行搭建	学习合理分割区域，用街道将不同的区域连接起来	材料：大小积木、辅助材料、白纸和笔 层次一：尝试和同伴一起设计分割区域，有初步的合作行为； 层次二：和同伴一起设计简单的街区，基本能将图纸的区域划分落实到实际建构中； 层次三：和同伴合作设计简单的街道，并能完成搭建
生活区	活动：神奇的绳子（翻花绳） 指导要点：看图示和视频自己学习翻花绳	仔细观察，看图示和视频按步骤进行操作	材料：图片、视频、绳子 层次一：在同伴和图片、视频的帮助下学习翻花绳的简单手法； 层次二：看图片和视频学习简单的翻花绳的方法，遇到困难愿意坚持
	活动：和面（称量面粉和水，按比例进行和面） 指导要点：用量杯按比例和面，感受水和面的关系	动手尝试，用量杯和面，不断尝试水和面的比例	材料：面粉、水、量杯、面盆、筷子 层次一：用量杯量水和面进行和面； 层次二：根据面的稀稠程度加水和面粉； 层次三：较熟练地运用各种工具和面，并能将工作台收拾整洁
美工区	活动：我设计的时钟 指导要点：根据四等分的原理，均匀地划分时钟刻度	能运用等分的原理，制作出有分针、时针的钟	材料：纸板、毛根、剪刀 层次一：能在时钟底板上添加数字和分针、秒针； 层次二：能根据四等分的原理，做出完整的时钟； 层次三：能认识整点和半点

续表

	活动与指导要点	幼儿发展目标	材料与层次
美工区	活动：鞋底鱼 指导要点：根据鞋底形状进行添画，变成鞋底鱼	在鞋底上添画鱼头、鱼尾、鱼鳍，装饰身体花纹	材料：鞋若干、油性笔、丙烯颜料、小号水粉笔、鞋底鱼范例 层次一：能在鞋底上画出鱼的大致外形； 层次二：在鞋底上较清楚地表现出鱼头、鱼尾、鱼鳍； 层次三：有自己的想法和设计，制作一条完整、独特的鞋底鱼
	活动：手指娃娃 指导要点：用细笔在手指上绘画娃娃	能用细笔在手指上进行精细绘画	材料：签字笔或细水彩笔、小画纸、包装纸、剪刀、记号笔、装饰好的服装范例2—3件 层次一：在手指上画出娃娃的主要面部特征； 层次二：手指娃娃轮廓清晰，能用彩纸为娃娃制作简单的服装； 层次三：手指娃娃面容清晰，服装精细、美观
益智区	活动：量一量我们的教室 指导要点：运用身体的不同部位对教室进行测量	根据不同的测量对象选择身体适宜的部位进行测量，并进行记录	材料：记录表、笔 层次一：根据表格上的内容进行测量； 层次二：用正确的方法进行测量并记录； 层次三：在正确完成指定测量后对教室里的其他物体进行测量，并正确记录
	活动：爸爸妈妈的职业 指导要点：根据职业进行分类统计	调查同伴父母的职业并进行分类统计	材料：白纸、笔 层次一：主动调查班级同伴父母的职业； 层次二：调查班级同伴父母的职业并进行分类统计
	活动：这是什么 指导要点：从不同空间角度观察物体，发展空间知觉	感受从不同的角度观察物体有不同的视觉效果	材料：用积木搭成的房子、从不同的角度拍摄的此房子的照片 层次一：从不同的角度去观察房子，说一说自己的观察结果； 层次二：根据照片寻找不同的观察视角

续表

	活动与指导要点	幼儿发展目标	材料与层次
益智区	活动：多变的电话号码 指导要点：尝试数的不同排列组合	用0—9的数字组合不同的8位数电话号码	材料：0—9的数字、电话号码记录本 层次一：用0—9的数字编电话号码； 层次二：用0—9的数字组合尽量多的电话号码
探究区	活动：小包装 指导要点：用秤称量物体，并分装成袋	学习称量散装物体，并按一定的重量进行包装	材料：秤、雪花片（或其他散装物体）、可封口的包装袋 层次一：学习称量物体； 层次二：按标准重量进行称量并包装； 层次三：有序地对物体进行称量，称量比较准确
	活动：班级气象站 指导要点：用温度计监测教室里不同位置的温度和不同幼儿的手温	通过用温度计测量不同场所的温度，发现温度的差异性	材料：温度计、温度记录表 层次一：初步学会看温度计，了解温度计上的各种标识、线条和数字； 层次二：能使用温度计测量温度，并将温度计显示的温度记录下来； 层次三：使用温度计测量不同场所的温度，发现其中的不同
	活动：让热水变冷 指导要点：通过各种物理方法让热水变冷	开动脑筋尝试用多种方法将热水冷下来，并比较不同方法的效果	材料：热水（不超过60度）、水温计（便于从水里拿出来）、冰块、扇子、杯子等 层次一：尝试加冰块和吹气让热水变冷； 层次二：尝试用各种方法将热水变冷； 层次三：在用不同方法将热水变冷的过程中进行比较，如同一时间内热水的冷却效果
阅读区	活动：制作生活中的数字小书 指导要点：制作一本生活中的数字小书	用小书的形式记录下生活中各种数字的运用	材料：小书、水彩笔 层次一：绘画生活中运用数字的场景； 层次二：以生活中数字为主题绘画简单的绘本，画面之间有联系； 层次三：先根据话题创编故事，再用连环画的形式将画面记录下来

续表

	内容与指导要点	幼儿发展目标	材料与层次
阅读区	内容：数学绘本阅读 指导要点：对图书和生活中的各种符号感兴趣，并尝试做简单记录	阅读与数字有关的各种绘本，并做简单的读书笔记	材料：各种数学绘本、记录本、水彩笔 层次一：喜欢阅读数学绘本，能和同伴说一说自己的体会； 层次二：阅读数学绘本，简单记录自己的发现
扮演区	内容：剧场表演《快乐的数字》 指导要点：用身体动作表现不同的数字，和同伴一起表演	用肢体语言、口头语言进行表演	材料：简单的道具 层次一：愿意参加表演； 层次二：能用肢体动作表现不同的数字； 层次三：大胆用肢体动作、口头语言进行表演，有一定的情节

集体教学活动

第一周	第二周
1. 找一找（综合）	1. 我的身体是把漂亮的尺子（数学）
2. 数字的分类统计（数学）	2. 分铅笔（数学）
3. 过去的人是怎么数数的呢？（语言）	3. 食品袋上的安全（健康）
4. 数字变形画（美术）	4. 钱币兑换（数学）
5. 哆来咪（音乐）	5. 五只青蛙（一）（音乐）
第三周	第四周
1. 五只青蛙（二）（音乐）	1. 小小气象站（科学）
2. 认识时钟（数学）	2. 拍手歌（语言）
3. 珍惜时间（社会）	3. 有趣的量高尺（美术）
4. 成双成对（体育）	4. 特殊的日子（社会）
5. 水温计（科学）	5. 毛毛虫向前进（体育）

主题活动二 生活中的数字 | 045

第一周 活动一 找一找（综合）

活动目标

1. 学习运用调查的方法发现生活中存在的各种数字，初步了解它们所代表的意义。
2. 尝试使用绘画、文字、数字等方法记录调查结果，并会用清晰完整的句子表达自己的想法。
3. 在观察众多的物体时，能找出有用的信息。

活动准备

物质准备：收集幼儿事先完成的数字调查记录表。

经验准备：在家长支持下进行过一次数字调查活动，并填写了调查表。

活动过程

一、出示幼儿事先完成的调查表，进行简单的讲述活动。

1. 根据观察表讨论自己发现的数字。

教师：你们在生活中发现过数字吗？有哪些数字？你是在哪里发现的？

2. 讨论数字代表的意思。

教师：你知道这些数字分别表示什么意思吗？

二、讨论观察记录的方法。

1. 展示幼儿之前的调查表，讨论记录方法。

教师：每个人都和爸爸妈妈进行了一次生活中的数字大调查，你们是在哪里调查的？你们又是怎么记录你们的发现的呢？

2. 幼儿自由发言，教师对幼儿所讨论的方法进行归纳提升。

小结：可以用绘画、文字等方式记录调查的结果。为了能让我们的调查表看得清楚还应该画上格子。

三、幼儿自由在幼儿园进行有关数字的调查。

1. 教师交代在园内进行调查的要求。

教师：我们马上要到幼儿园里去调查一下哪里有数字，并要把发现记录下来。

教师：去幼儿园进行调查要注意哪些事项呢？

幼儿讨论。

小结：调查时首先要注意个人安全，保管好携带的物品；其次，调查不能影响到其他班级的活动，要用礼貌用语与他人进行交流。

2. 幼儿自由组合到幼儿园各个场地进行调查，教师到每一小组进行指导，及时提供帮助。

3. 幼儿回教室小组内展示、交流自己的记录，并说说这些数字分别表示什么意思。

活动建议

数学调查活动可分多次进行，每次提一个重点。例如，第一次学会看调查表，第二次掌握填表的方法，第三次学会如何把表格填得整齐漂亮。每一次调查活动，均要求幼儿注意有意识地观察记录。另外，在组织指导方面，第一次可利用家长资源，一对一地指导幼儿进行观察，而后再逐渐放手让幼儿独立观察记录。

活动二　数字的分类统计（数学）

活动目标

1. 了解分类的意义，初步掌握几种常见的分类标准。
2. 尝试运用一定分类标准（用途、地点）将自己的调查结果进行分类。
3. 愿意将自己的分类过程和结果用完整连贯的语言进行表述。

活动准备

物质准备：幼儿前期的数字调查表、分类表格、已经分好类的数字调查表。

经验准备：幼儿有过分类记录的经验。

活动过程

一、出示幼儿前期数字调查表，唤醒经验。

1. 出示调查表，请2—3名幼儿说说所发现的数字及该数字表示的意义。

教师：这是你们前几天做的数字调查表，谁来说说看你在哪里发现了什么数字？这些数字有什么意义？

2. 幼儿与身边的小伙伴自由地讲述。

教师：和你的好朋友互相说说你们的发现吧。

二、幼儿尝试对数字调查表进行分类。

1. 提出疑问，引发幼儿分类的兴趣。

教师：这里的调查结果太多啦，有没有什么好方法可以把这些调查表内容整理一下，方便大家查看呢。

2. 讨论分类的标准。

教师：可以按照什么标准来对数字进行分类呢？

小结：可以按数字的用途（"吃、穿、用、玩"的分类标准）和调查的场所进行分类。

三、展示几张已经按一定标准进行分类的调查表，幼儿进一步理解分类的标准。

1. 教师：这里是几个小朋友的调查表，你们看看和其他调查表比起来有什么特点？（看起来更整齐、不乱，便于查阅）

四、尝试将自己的前期调查表按自己的标准进行分类统计。

1. 教师注意指导幼儿进行分类统计，可以按照用途和场所进行分类，也可以按照自己的标准进行分类。

活动建议

本活动是前一活动的延续，教师在组织过程中，并不需要直接表明自己的观点，而是通过引导观察讨论，让幼儿自己发现问题，理解并进行分类，使调查表更加清晰明了。在关于分类标准的讨论上，同样引导幼儿自己发现标准，对比不同的调查表，鼓励幼儿通过观察发现问题，从而主动寻找解决问题的方法。

活动三 过去的人是怎么数数的呢？（语言）

活动目标

1. 尝试在阅读中充分理解绘本内容，体会数数的发展。
2. 用不同的阅读方式——自主阅读和集体阅读，直观地感受与理解图画书中的内容。
3. 在阅读中了解古人的智慧和数字在人们生活中的作用。

活动准备

物质准备：绘本《过去的人是怎么数数的呢？》人手一本，相关页面的PPT。

经验准备：幼儿有用手指等方式数数的经验。

活动过程

一、用猜测导入活动，引出话题。

1. 讨论并猜测古人计数方法。

教师：我们这几天都在说数字、找数字，也发现了数字对于我们的生活非常重要。可是在这些方便的数字出现之前，生活在很久很久以前的人们是怎么数数、怎么表示数量的呢？（出示一张原始人的图片）

2. 幼儿大胆猜测过去的人是怎样数数的。

二、幼儿人手一本绘本自主阅读，教师指导。

1. 教师：我这里有一本书，里面说的就是过去的人如何数数的。这本书里面会告诉我们什么呢？让我们一起来看看吧！

幼儿自主阅读图书。

2. 幼儿交流分享自己的发现。

教师：读了这本书，你发现过去的人是怎样数数的？在书本的第几页？（这本书有一个特点是没有页码，在翻书的过程中就能发现页码对于阅读的重要性）

教师鼓励幼儿边说边将绘本翻到该页，并在教师的帮助下在黑板上展现。

3. 借助大屏幕演示 PPT，和幼儿交流过去的人数数的各种方法。

4. 教师展示 PPT 的同时引导幼儿观察画面细节，帮助幼儿理解。

（1）如何用身体来数数。

（2）如何用石头和木棍数数。

（3）如何用系绳的方式来数数。

三、尝试用过去的方式来数数，感受古代人的智慧和现代数字的重要性。

1. 教师：古代的人非常聪明，他们能想到这么多方法来数数，我们也来体验一下他们的方法。

2. 游戏：到底是什么数字呢？

玩法：幼儿分成三组，分别用自己的身体、石子和系绳子的方法来表示数字。教师出示事先准备好的数字，请三组小朋友分别用不同的方式来表现。

3. 教师：我们都尝试了用过去的方法数数，你们有什么样的感受呢？

教师注意引导幼儿发现数字的便利性。

活动建议

1. 绘本的故事比较长，内容也比较多，建议把快速数数的方式放到后面的阅读活动中进行。

2. 在分享交流和理解画面的过程中要给幼儿表达的空间，鼓励他们大胆表达。

活动四　数字变形画（美术）

活动目标

1. 观察各种数字的外形，通过想象、组合创造出新的造型。

2. 认识、掌握数字的形状特点，寻找与数字的外形相似的物体。

3. 大胆进行想象、创造，体验想象的乐趣。

活动准备

物质准备：数字卡片 0—9、每人一张铅画纸和一份水彩笔、数字造型 PPT。

经验准备：幼儿进行过添画活动。

活动过程

一、欣赏数字造型 PPT，开启数字的另一种视角。

1. 教师出示 0—9 的数字。

教师：这些数字我们都认识，生活中也经常见到。数字不仅可以帮助我们解决生活中的各种问题，还可以给我们的生活带来乐趣，让我们一起来欣赏一下。

2. 播放数字造型 PPT，激发幼儿对于数字造型的兴趣。

教师：说一说数字都变成了什么？

二、仔细观察数字造型的图片，分析数字们的"大变身"。

1. 教师：这些数字是怎么变的呢？我们仔细来看看。谁来说说你最喜欢哪一个造型？它是哪个数字变的？为什么觉得很像呢？这个数字还像什么？怎么变？

2. 幼儿自由表达。

3. 小结：数字大变身，有的变成了小动物，有的变成了生活中的建筑物，有的是由一个数字变的，有的是由好几个数字组合起来变的。但是，它们都是依据各自的特点进行了加工和改造，在加工和改造的过程中，有的时候数字还改变了原来的姿势，有的躺着，有的倒过来……

三、幼儿作画，尝试数字组合变形的乐趣。

1. 幼儿讲述自己的创作想法。

教师：你想给数字几变形？变成什么？怎样变？

2. 幼儿尝试给数字变形。

教师注意启发有困难的幼儿，在观察数字的基础上确定想法。对于喜欢模仿的幼儿，鼓励其在模仿的基础上加入自己的想法，有所创新。

四、欣赏奇特的数字。

1. 看一看，这些作品中，用什么数字变出了什么？

2. 幼儿互相讲评。

活动建议

单个数字的变形幼儿可能比较容易理解和尝试，数字之间的组合可以放到区角中进行。教师事先为幼儿准备各种大小的 0—9 的数字，让幼儿摆一摆、转一转，去感受不同数字组合的奇妙。

活动五　哆来咪（音乐）

活动目标

1. 认识简谱中 1—7 音符，会正确唱出唱名。
2. 在欣赏"轮唱"的过程中，初步了解二声部轮唱的方法，体会轮唱此起彼伏、连续不断的音乐效果。
3. 能以积极、愉悦的情绪参与音乐欣赏活动。

活动准备

物质准备：五线谱、音阶、音符、《哆来咪》的音乐、数字卡片 1—7。

经验准备：幼儿对于乐谱有一定的了解。

活动过程

一、出示"1—7"的卡片，引起幼儿学习兴趣。

1. 从数字 1—7 入手，引导幼儿跟唱音符。

教师：你认识它们吗？知道它们是谁吗？它们不仅能变成美丽的图画，还能变成好听的音乐呢！你们听！

教师弹奏音阶从哆到西，引导幼儿跟唱音阶。

2. 了解简谱中音符 1—7。

教师：刚才我们唱的是音阶（出示音阶），你们知道数字 1—7 分别在哪里吗？它们对应的是什么声音？

小结：在音乐里，1、2、3、4、5、6、7 是简谱的音符，它们都有自己的音乐名字：1 是哆，2 是来，3 是咪，4 是发，5 是唆，6 是啦，7 是西。

二、幼儿尝试边唱边拍打身体的部位、由下往上有节奏地扭动身体等。

教师：我们一起来学学这些小音符是怎样爬楼梯的。

教师带领幼儿一起一边唱音阶一边拍打身体的部位，由下而上有节奏地做动作。

三、欣赏歌曲《哆来咪》。

1. 第一遍欣赏歌曲。

教师：今天我还给你们带来了一首关于它们的歌，歌名就叫《哆来咪》。请你们来听一听。

幼儿第一遍欣赏歌曲。

教师：听了这首歌，你的心情怎么样？想干什么？

2. 第二遍欣赏歌曲,并随乐做动作。

教师:这首歌曲很欢快,也很有趣,请你们再来听一听,并和我一起做动作。

3. 第三次欣赏歌曲,发现其中 1—7 的音符。

教师:这首歌里藏着七个小音符,你们听出来了吗?我们再来听一遍。

4. 第四次欣赏歌曲,感受轮唱的美感。

教师:这首歌的演唱方法和我们平常一样吗?你有什么发现?这样的演唱方式叫什么?

小结:同一旋律先后演唱,形成此起彼伏、连续不断的模仿效果,称为轮唱。

5. 尝试跟唱歌曲,并随乐做动作。

活动建议

歌曲《哆来咪》(轮唱版)以欣赏为主,动作设计宜简单直观,难度不宜过大,可以提炼幼儿的动作来做动作模型,如能找到齐唱版,可带领幼儿演唱。如幼儿对轮唱感兴趣,可组织幼儿学唱轮唱版的《闪烁的小星星》。

附:哆来咪

(美国电影《音乐之声》插曲)

第二周 活动一 我的身体是把漂亮的尺子（数学）

活动目标

1. 学习用手（拃）及脚（脚印）作为自然测量的工具参与测量活动。
2. 感受不同测量工具的差异，根据物体的特点选择适宜的测量工具。
3. 测量活动时细心、专注，尽量保证测量的准确性。

活动准备

物质准备：大书、测量材料。

经验准备：幼儿有过测量的经验。

活动过程

一、故事导入，激发幼儿参与兴趣。

教师：今天老师给你们带来一本大书，这本大书的名字叫作《我家漂亮的尺子》，我们一起来看一看。

教师：欢欢怎么会感觉衣服变短了、鞋子变小了呢？长高了有哪些好处？

二、试试手尺，初步迁移正确的测量方法，用"一拃"的方法来测量。

1. 教师提出问题，引出长度单位"拃"的概念。

教师：妈妈的手是怎么做尺子的？什么是"拃"？

教师把手伸直，从大拇指的指尖量到中指指尖这么长的距离叫"拃"。

2. 共同讨论，迁移正确测量方法，尝试体验。

教师：看看妈妈用她的手尺量了哪些地方？她是怎么量的？

幼儿尝试把手伸直，感受自己的"一拃"有多长。并和同伴比一比各自"一拃"的长度。

教师：你也来试试看，你是怎么量的？

小结：手伸直一拃，中指按住、大拇指接住它，中指按住不动哦。再来，中指按住、大拇指接住它又一拃。小手真有用，平常小手能做很多事情，现在小手还能做量一量的工具。这个工具就是一把漂亮的尺子，它叫作"拃"。

三、试试脚印尺，继续迁移运用正确的测量方法，用脚印测量。

1. 观察画面，推测脚印的量法。

教师：脚能不能做漂亮的尺子呢？用脚印来量到底是怎么个量法呢？谁能来试试？

2. 尝试体验，迁移运用。

教师：人有两只脚，一个脚印量完了，后面一个脚印可以接过来，脚跟去靠脚尖。原来我们身上的脚也这么管用，不但可以走路做运动，还可以做一把漂亮的尺子。

四、做做教室里测量时的漂亮尺子，初步了解自然测量时要思考工具的适合度。

1. 幼儿用手拃和脚印来量一量班级里的东西并记录。

教师：手拃和脚印都可以用来测量，我们今天就来试一试用手拃和脚印来量一量教室里的各种物品。在测量之前请你们想一想手拃和脚印哪一个更合适。

2. 幼儿自主操作和体验，教师巡回观察。

3. 分享体验结果。

教师：手和脚都能做尺子，在测量的时候，我们要根据不同的物体来选择更合适的方法。

五、故事延伸，进一步探究自己的身体。

教师：我们的身上就只有这两把尺子吗？我们的书还没有看完，后面还有好多页，漂亮的尺子也不止这两把。老师把书放在教室里，喜欢的话可以去看一看，看看到底有几把尺子？

活动建议

在益智区的活动中可以鼓励幼儿用身体的不同部位去当尺子来测量教室的不同物体，进一步丰富幼儿关于自然测量的方法。

活动二 分铅笔（数学）

活动目标

1. 探索 7 和 8 的分解组成，知道 7 和 8 分成两份分别有 6 种和 7 种分法。
2. 用清楚的语言表述自己的发现，初步体验两个部分数之间的互换关系。
3. 乐意参与集体的讨论，体验发现互换关系的惊喜。

活动准备

物质准备：

1. 教具：数卡 1—8 及分合号若干、黄绿双色雪花片 7 个（每个雪花片由黄绿两种颜色粘合在一起，使正反两面分别有绿色和黄色）、红蓝双色雪花片 8 个（每个雪花片由红蓝两种颜色粘合在一起，使正反两面分别有红色和蓝色）、笔筒 2 个、铅笔 8 支。

2. 学具：分雪花插片，其中 7 个和 8 个双色雪花片各 1 组，分合记录表。分铅笔，其中 7 支和 8 支铅笔各 1 组，每套材料都有记录表。

经验准备：已掌握 5 和 6 的分合，玩过"翻片片"的游戏。

活动过程

一、迁移"翻片片"的方法，尝试按序进行 7 和 8 的分合，理解互补关系。

1. 教师分别出示 7 片和 8 片双色雪花片，迁移"翻片片"的方法。

教师：我们玩过"翻片片"的游戏，看看我这里分别有两种不同颜色的双色雪花片，它们分别有多少呢？（7 个和 8 个）我们分成两组试一试按顺序"翻片片"，把 7 个和 8 个片片分成不同颜色的两份。

2. 幼儿分成两组分别玩"翻片片"的游戏，翻 7 片和 8 片的双色雪花片，并把自己的分合方法记录下来。

3. 两组分别交流各自分合的方法和结果。

4. 教师：通过小朋友们的尝试，我们发现分解 7 和 8 分别有 6 种和 7 种分法。在按顺序"翻片片"的时候，你们发现这种分合和记录的方法有什么特别的地方吗？

教师引导幼儿迁移已有的数的互补关系的经验说一说，如两个部分数中，左边一列逐一变大，右边的一列逐一变小；左边的数字增1，右边的数字减1。

二、通过"分铅笔"初步体验两个部分数之间的互换关系。

1. 教师用实物展示7的第一种分法（即将7分成1和6）。

教师：我将7支铅笔分成1和6，哪个记录符合这种分法呢？

请一名幼儿在黑板上用教具摆出7分成1和6的分合式。

2. 教师将两个笔筒交换位置，引导幼儿观察笔筒中笔的数量变化，并请一名幼儿在黑板上用教具摆出7分成6和1的分合式。

3. 教师指着两个分合式问：这两个分合式的记录有什么地方相同，有什么地方不同？

引导幼儿讨论并发现：这两个分合式的总数相同，部分数也相同，只是两个部分数交换了位置。幼儿体验发现互换关系的惊喜。

三、通过操作，感受数的互换关系。

1. 教师介绍操作活动。

教师：请你们也来试试，分一分铅笔，用我们刚才发现的方法来分。先用一种方法分铅笔，然后写出与这种分法相关的两个互换分合式。请刚才分7个雪花片的小朋友分8支铅笔，分8个雪花片的小朋友分7支铅笔。

2. 幼儿操作，教师指导。

重点引导幼儿感受数的互换关系。

四、通过讨论，进一步体验两个部分数之间的互换关系。

1. 教师指着7和8其他的分合式让幼儿说出一个相似的分合式。

2. 幼儿两两一组，一人用手盖住一种分合式，让同伴根据剩下的一种分合式说出盖住的分合式。然后两人互换角色。

活动建议

活动前幼儿对于5和6的分合应是非常熟悉的，只有在这种情况下才能将7和8的组合放在一起进行，也可以根据幼儿的现状将7和8分开来进行。

活动三 食品袋上的安全（健康）

活动目标

1. 知道食品袋上有生产日期和保质期限，能够看懂它们的含义。

2. 了解几种常见的保存食物的方法，如冷藏、冷冻、干燥、罐装等，食用新鲜的食品。

3. 愿意将自己的调查结果填写到自己的调查表上。

活动准备

物质准备：常见的食品包装袋、调查表、笔。

经验准备：知道食品袋上有很多信息，知道有些食物是需要冷藏的。

活动过程

一、出示食品包装袋，引导幼儿讨论包装袋上的数字。

1. 引导幼儿寻找包装袋上数字，理解它们的意义。

教师：你在食品包装袋上发现了哪些数字？你知道它们表示什么意思吗？为什么包装袋上要标明这些数字？

2. 了解食品袋上保质期的含义。

教师：在食品袋上的数字中有一种是特别重要的，在我们买食物的时候一定要看，因为它对我们的健康很重要。这些数字就是我们刚才说到的食品的保质期。

教师：食品袋的保质期在食品袋的什么位置呢？请你们再去仔细看一看。

教师组织幼儿再次仔细观察食品外包装。

小结：在购买食品时要注意看清外包装上的生产日期和保质期，这样可以保证我们吃上新鲜、卫生的食物。

3. 学习读懂保质期。

教师：我们知道了食品保质期的重要性，可是怎么去读懂保质期呢？

教师出示几种不同的食品包装袋，有保质期特别短的也有保质期比较长的，与幼儿一起分析读懂保质期的含义。

教师：牛奶盒上的保质期写的是2017年4月5日到2017年4月15日，这是什么意思呢？到底在什么时间段内牛奶是能喝的呢？

教师：这种保质期的意思就是从2017年4月5日到2017年4月15日的时间段内牛奶是可以喝的，超过4月15日就不是最佳口感了，不适合喝了。

教师：饼干的生产日期是2017年2月4日，保质期是6个月，这又是什么意思呢？

教师：饼干的保质期实际上是2017年2月4日到2017年8月4日，超过2017年8月4日就过期，不能再吃了。

二、讨论保存食品的几种常见方法。

1. 提出问题，引发幼儿讨论。

教师：过了保质期，食品还能吃吗？为什么？

幼儿根据自己的经验进行大胆讲述。

小结：食物要在口味最佳的时候品尝，食用变质的食物会对我们的身体造成伤害，可能会拉肚子，还可能会有更加严重的后果。变质的食物一定不能吃。

2. 引导幼儿对保存方法进行讨论。

教师：在保质期内，为了更好地保存食品，你有什么好办法？

幼儿分享自己了解的关于食品保存的经验。

3. 教师播放 PPT，通过 PPT 让幼儿了解简单的食品保存的方法。

教师：食物有很多保存方法，如冷藏、冷冻、干燥、罐装等，但最好还是多吃新鲜的食品，这样我们的身体会更加健康。

知识补充

对"保质期"的最新解释——保质期只说明食物在这段时间内食用，口味是最佳的，过了这个"保质期"会影响食物的最佳口感，而并不是过了保质期食物就坏了，不能吃了，所以保质期不同于安全期。

活动四 钱币兑换（科学）

活动目标

1. 认识不同面值（1元、5元、10元的纸币与硬币）的人民币，尝试运用不同方法进行人民币之间的兑换和找零。

2. 在兑换和找零过程中，尝试用记录的方法记录兑换和找零的结果。

3. 大胆与同伴进行沟通、兑换钱币。

活动准备

物质准备：

1. 教具：面值为1元、5元、10元的纸币与硬币若干，记录表和笔，投影仪。

2. 学具：1元、5元、10元的游戏币若干；小盘子、记录纸、记录笔人手一份。

经验准备：幼儿有去银行的经验；知道人民币有不同的面值。

活动过程

一、认识人民币，了解1元、5元、10元的面值。

1. 出示10元人民币，唤起幼儿已有经验。

教师：你们知道这是什么吗？这是哪个国家的钱呢？钱有什么用？

引导幼儿辨认这是中国的钱，叫人民币，可以用来买东西。

2. 出示各种不同面值的人民币，认识不同面值的人民币。

教师：它们分别是多少钱？你是怎么知道的？

教师引导幼儿认识不同面值的人民币。

二、设置买东西的问题情境，讨论人民币兑换的话题。

1. 教师：超市的经理最近有些烦恼，他们只有 10 元面值的人民币，当顾客来买东西的时候没有办法找零钱。怎么办呢？

教师启发幼儿将大额人民币兑换成小额的人名币。

2. 教师：10 元人民币可以换成几张 1 元、几张 5 元呢？请你们帮我来想一想。

3. 幼儿讲述自己的兑换方法，并在实物投影仪上展示自己的兑换方法。

教师鼓励幼儿将记录方法记录在记录表上。

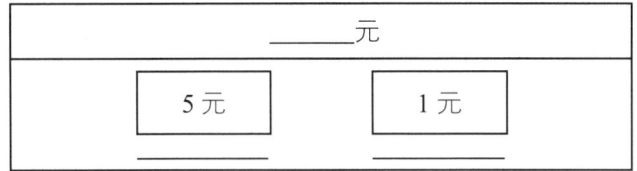

三、开展购物游戏，在游戏中体验人民币兑换和找零的过程。

1. 教师出示 8 元的取款单，今天旅行团的小朋友会领到不同面值的取款单，你们可以去银行取钱，然后再去超市买你需要的东西。取钱和花钱时都请你记录下来，等会我们要来分享。

教师请个别幼儿演示自己取的 8 元钱，教师引导幼儿讨论他分别取了什么面值的人民币合为 8 元。

2. 幼儿按照游戏选择表，扮演银行员工、超市员工和顾客。

3. 游戏开始。教师及时指导并检查幼儿操作是否正确，提醒幼儿正确记录自己的兑换过程和买东西找零过程。

四、演示购物找零的过程，再次理解人民币找零。

1. 教师请一名幼儿拿 10 元面值纸币到超市购物，演示购物过程。

2. 师幼讨论购物过程中找零的过程。

教师：他买了什么，花了多少钱，超市员工找了他多少钱？我们可以怎么记录。

教师：10 元钱，用了 5 元钱，他还剩 5 元。

（钱包）	（用掉的钱）	？（剩下多少钱）

活动五 五只青蛙（一）（音乐）

活动目标

1. 初步学唱歌曲，感受歌曲活泼、诙谐的情绪。
2. 尝试为歌曲创编衬词。
3. 体验合唱的快乐情绪。

活动准备

物质准备：歌曲《五只小青蛙》音频、图片（池塘、青蛙）、录音机、双响筒。

经验准备：幼儿听过歌曲的旋律。

活动过程

一、做音乐游戏进入活动室。

教师：小青蛙是怎么跳的呢？让我们一起听着音乐按节奏学学青蛙跳吧！（幼儿随着《五只小青蛙》的背景音乐进入活动室）

教师通过手势与每段依次递减的双响筒敲击声帮助幼儿感知数量的递减关系。

二、学唱歌曲。

1. 熟悉歌词内容。

出示图片，做简单的节奏练习，感知切分音。

教师：好，请"小青蛙们"坐下来吧！看看，谁来了？

教师：青蛙是怎样叫的？（呱呱）

教师：青蛙还可以怎样叫？

2. 教师启发、引导幼儿感知切分音。

× × ×|

呱 呱 呱

教师：小青蛙在池塘边干什么呢？你们来猜一猜。

小结：对，它们在抓虫子做美餐！（按节奏学说歌词）

3. 朗诵歌词。

引导幼儿有节奏地朗诵歌词。

4. 引导幼儿学习衬词，感知节奏。

× × × | × — |

教师：小青蛙看到这么多的虫子大餐，会怎么样呀？

教师进行简单的归纳总结。

教师：我们一起来学一学：嗨——喷、喷、喷！

教师：我们把它加到儿歌里一起来说一说吧！

5. 尝试多种形式歌唱。

（1）教师清唱一遍。

教师：这是一首非常有趣的歌曲，名字叫《五只小青蛙》。我们来听一听。

（2）幼儿随钢琴歌唱。

（3）幼儿唱衬词部分，与教师合作歌唱。

三、创编衬词，尝试歌唱。

教师：小朋友们想一想，小青蛙见到好吃的东西还会发出什么声音？（请幼儿自由创编）

教师：刚才，小朋友们想出了许多有趣的声音，有……有……还有……那么你们最喜欢小青蛙发出的哪种声音？选一种你们最喜欢的，我们完整地唱一唱。

四、分角色合作表演歌曲。

通过游戏，使幼儿进一步理解、掌握歌曲，并在游戏中体验合作的乐趣。

教师：现在，请五个小朋友一组围成圆圈来扮演小青蛙。大家找到伙伴后，小声地商量好谁做第一只小青蛙跳进池塘，谁做第二、第三、第四、第五只小青蛙跳进池塘。

附：五只小青蛙

选自《奥尔夫音乐全系列》

$1=C \quad \dfrac{4}{4}$

| 5 5 6 5 3 1 | 1 1 2 1 6 4 | 5 5 6 5 3 1 3 | 2 × × × × |

1. 五只　小青蛙　站在　池溏边，抓虫子做　美　餐　嗨　喷喷喷，
2. 四只　小青蛙　站在　池溏边，抓虫子做　美　餐　嗨　喷喷喷，
3. 三只　小青蛙　站在　池溏边，抓虫子做　美　餐　嗨　喷喷喷，
4. 二只　小青蛙　站在　池溏边，抓虫子做　美　餐　嗨　喷喷喷，
5. 一只　小青蛙　站在　池溏边，抓虫子做　美　餐　嗨　喷喷喷，

```
            ┌1.2.3.4.
5  5   6 5 3 1 | 1̇ 1̇   2̇ 1̇ 6 4 | 5  5    6 5 4 3 2 |
一只   小青 蛙   跳进   池溏 里,  还剩    下四只小青
一只   小青 蛙   跳进   池溏 里,  还剩    下三只小青
一只   小青 蛙   跳进   池溏 里,  还剩    下二只小青
一只   小青 蛙   跳进   池溏 里,  还剩    下一只小青
一只   小青 蛙   跳进   池溏 里,

                            ┌5.
1  x  x  0  ‖: 5 5  6 5 4 3 2 | 1  -  x  - ‖
蛙 呱 呱。     青蛙 都回家找妈 妈。      哎。
蛙 呱 呱。
蛙 呱 呱。
蛙 呱 呱。
```

第三周　活动一　五只青蛙（二）（音乐）

活动目标

1. 通过尝试、比较选择与乐曲节奏较为合适的打击乐方案。
2. 尝试根据乐器图谱进行打击乐合作演奏。
3. 体验合作演奏乐器的乐趣。

活动准备

物质准备：乐器（圆舞板、铃鼓、木鱼）、音乐、图谱。

经验准备：幼儿进行过《五只青蛙》的歌唱活动，对歌曲比较熟悉。

活动过程

一、复习歌曲《五只小青蛙》。

1. 跟随音乐《五只小青蛙》进场。
2. 教师引导幼儿回忆歌曲《五只小青蛙》的内容，并用肢体动作来表现歌曲内容。

3. 教师出示图谱，引导幼儿看图谱表演歌曲。

二、幼儿根据音乐，尝试匹配乐器。

1. 教师介绍乐器。

教师：老师今天带来了一些乐器，你们看看是什么乐器？

2. 教师引导幼儿尝试配乐器。

教师：数青蛙的部分，我们可以用什么乐器呢？

幼儿讲述自己的想法。

教师：究竟哪种乐器比较合适呢？我们一起来听听看。

3. 幼儿倾听，教师边念歌词边打击乐器，引导幼儿寻找合适的乐器并在图谱上进行记录。

教师：为什么你们觉得数青蛙这部分用木鱼比较合适？

请幼儿讲述理由。

4. 请个别幼儿上来听音乐演奏数青蛙这部分乐曲。

教师：这首歌曲当中还有哪些地方可以配乐器呢？

5. 幼儿讨论，师幼共同选择乐器。

6. 为乐器选择身体动作，徒手练习 1—2 遍。熟悉图谱。

教师：我们跟着音乐来做身体动作，请注意看指挥。

幼儿看教师指挥做演奏乐器的徒手模仿练习。

7. 看图谱尝试用乐器打击出歌曲节奏。

教师：这次我们用乐器来试一次。

8. 乐器演奏。

幼儿看教师指挥进行练习。

鼓励幼儿自由选择、交换乐器演奏。

教师：我们来交换一下彼此的乐器，再来试一次。

活动二　认识时钟（数学）

活动目标

1. 认识时钟，了解钟面上的数字与指针之间的关系。
2. 认识整点和半点，初步感受时钟与人们生活的关系。
3. 乐意认识时钟，积极表达自己的想法。

活动准备

物质准备：多种计时工具的图片（挂钟、座钟、手表、怀表、电子钟表等），大钟面一个，整点的时间记录卡若干。幼儿人手一个可拨动的钟面。

经验准备：在生活中观察过班级的时钟。

活动过程

一、猜谜语。

1. 教师：今天老师给大家带来了一个谜语，请你们来猜一猜！看谁猜得又快又准。滴答滴答，滴答滴答，会走没有腿，会说没有嘴，它能告诉我们什么时候起，什么时候睡。你们猜猜它是谁？

2. 教师：钟表的兄弟姐妹有很多，在我们的生活中，钟表随处可见。这是我们班级的钟（出示实物钟），请大家说一说，你还在哪些地方见过什么样的钟？

教师通过图片帮助幼儿了解不同的计时工具。

3. 教师：生活中为什么要有各种各样的钟表呢？这些钟表能告诉我们什么呢？

师幼共同讨论得出：钟表能告诉人们时间，方便人们工作和学习，安排各项活动。

二、认识钟面，了解钟的外部结构。

1. 教师：请仔细观察钟面，看看钟面上都有些什么？

师幼共同小结：钟面上有数字，有指针。数字是按1—12的顺序排列在钟面上的，12在最上面，6在最下面，9和3在左、右两边。指针有三根，它们的长短不同，最短的是时针，较长的是分针，不停走动且最长的是秒针。

2. 教师将时针、分针都指向12，然后拨动分针，引导幼儿观察时针的变化，了解分针转一圈，时针从一个数字走到下一个数字。

三、玩拨钟点，认识整点。

1. 教师将时针和分针都拨到12，请幼儿观察。

教师：现在是什么时间？

教师引导幼儿了解：当分针指到12，就是整点，这时时针指向数字几，就是几点整，现在是12点整。

2. 教师拨指针，大家说出时间。

3. 幼儿说时间，其他幼儿拨钟表。

4. 教师将钟面拨到12:00，问：这是几点整？可以怎么记录？

教师出示时间记录卡，告诉幼儿可以用它来记录时间。":"前面记录时针的位置,":"后面记录分针的位置。整点时，分针记录为00，12点整可以记录为12:00。

四、玩拨钟点，认识半点。

1. 教师将时针和分针拨到12:30，请幼儿观察。

教师：现在还是整点吗？现在是几点呢？

教师引导幼儿观察并了解：当分针指向数字6，就是半点，这时时针会走到两个数字的中间，过了12还没有到1，所以是12点半。

2. 请幼儿讨论如何记录半点，指导幼儿半点时分针记录为30。

3. 教师再拨半点，幼儿观察并讲述，选择相应的半点记录卡。

4. 幼儿听教师口报半点或看半点记录卡，拨动自己的钟面。

五、拨拨钟面，学习记录。

1. 教师出示钟点卡，请幼儿拨自己的钟表，并将时间记录在记录卡上，相互检查是否正确。

2. 幼儿之间相互报时间，让同伴拨钟面并记录，进一步熟悉整点和半点。

活动建议

1. 本活动包含的内容多，教师可以酌情将活动分为2个小活动进行。

2. 可以结合班级的作息表，有意识地帮助幼儿进一步巩固对于钟表的认识。

活动三 珍惜时间（社会）

活动目标

1. 体会一分钟的长短，知道时间的价值，初步树立时间概念。

2. 知道遵守时间是尊重别人的一种表现，体会遵守时间的重要性。

3. 学习制订作息时间计划，并能按计划执行，愿意做一个遵守时间的人。

活动准备

物质准备："一分钟能干什么"预测表人手一张，笔人手一支，作息时间计划表。

经验准备：幼儿认识钟表，对于时间有所了解。

活动过程

一、在操作和实验中真正体会一分钟时间的长短，懂得珍惜时间。

1. 猜测一分钟可以做哪些事情。

教师：我们已经认识了时钟，分针走一圈是一个小时，那一分钟是多长呢？

教师：你们猜猜一分钟的时间能做什么？

2. 认识记录表。

教师：把猜测的结果记录在记录表上。

3. 验证一分钟到底可以做哪些事情。

教师：你们说的事情在一分钟的时间内能完成吗？老师帮助你们计时，你们来实验一下，好吗？

教师：如果能够完成的请在后面的格子里打钩，不能完成请打叉。

幼儿验证并记录、与同伴交流自己记录的实验结果。

小结：一分钟的时间原来可以干这么多事情，我们小朋友生活中一定要珍惜每一分钟的时间。

二、由己及彼，知道遵守时间是尊重别人的一种表现。

1. 教师：在我们的班级内有一张一日生活作息表，我们都要按照作息表上的时间来做。如果不按照上面的时间来做，会怎么样呢？

2. 幼儿在讨论中了解到如果不遵守时间我们会错过很多活动。

3. 教师：我们预计到达科艺馆的时间是10点，如果我们前面拖拖拉拉，到了10点20才到，除了自己玩的时间短了，还会对谁造成影响呢？科艺馆的老师10点就在那等着小朋友，她为我们准备了很多有趣的游戏，如果我们迟到了，是对科艺馆老师的不尊重，我们应该遵守时间。

三、制订作息时间计划表，养成遵守时间的好习惯。

1. 激发幼儿制订作息时间计划表的兴趣。

教师：每天早上上学之前都是每个家庭最忙的时候，爸爸妈妈和我们都不能迟到，我们怎么安排时间才能不浪费每一分钟呢？

教师：我们可以制订一份早上的时间表，只要认真执行就可以不浪费每一分钟时间，也就不再迟到了。

2. 讨论如何制订作息时间计划表。

小组讨论：早晨需要做哪些事情呢？

个别幼儿交流讨论结果，教师用简笔画记录。

教师：你们讨论出早上需要做哪些事情了吗？每件事情需要多长时间？

3. 幼儿分组制订作息时间计划表。

4. 幼儿交流制作的作息时间计划表，分析哪组最合理。

活动建议

将作息时间计划表分享给家长，鼓励幼儿执行自己制订的作息表。

活动四　成双成对（体育）

活动目标

1. 练习追逐跑，提高追逐跑以及躲闪和合作的能力。
2. 愿意遵守游戏规则，边跑步边拉手时能注意安全。
3. 体会与同伴合作以及帮助别人的快乐。

活动准备

物质准备：进行曲音乐磁带、录音机。

经验准备：幼儿玩过木头人的游戏。

活动过程

一、开始部分。

1. 队列练习：一路纵队走——一个大圆走—六个小圆走—开花走—六路纵队走。
2. 热身操：头部运动、上肢运动、下肢运动、体侧运动、体转运动、腹背运动、跳跃运动、整理运动。

二、基本部分。

1. 快速结对游戏。

教师：请你们随音乐在圆圈内四散走，当音乐停止时，按照老师伸出的手指数目快速去找其他幼儿结对，如教师伸出 3 个手指，就找 2 名幼儿和自己结对。

教师也可以发出不同的指令让幼儿结对，如同一小组的幼儿拉手，穿同色衣服的幼儿拉手等。熟练后，可以请幼儿发指令进行游戏。

2. 学习游戏"成双成对"。

教师介绍游戏"成双成对"的玩法：一名幼儿当追逐者，其他幼儿在场地内四散跑，躲避追逐者。当幼儿快要被追上时，迅速找一个朋友拉起手，这时追逐者便不能再追他了，只能去追其他幼儿。在有幼儿被追逐时，其他幼儿可以跑过去与其拉手，帮助他不被提住，但不可以长时间拉手，被捉到的幼儿与追逐者互换角色，重新游戏。

3. 请部分幼儿示范游戏。
4. 幼儿集体参与游戏，提醒幼儿奔跑时避免互相碰撞。

如果在活动中出现过早拉手或拉手后长时间不松开等问题，教师可以再提出附加规则：拉手时数"1、2、3"，数完要分开。

每次游戏以 2 分钟为宜,游戏数次。

三、放松游戏"我们都是木头人"。

教师念儿歌:"三三三,山山山,山上有个木头人,不许说话不许动。"幼儿随儿歌踏步走,儿歌停下时就摆一个动作不动,请一名幼儿检查谁动了,谁就站到场外,游戏数次。

活动五 水温计(科学)

活动目标

1. 初步认识水温计,知道水温计是用于测量温度的。
2. 细心观察与测量,能按水温计上的读数记录水温。
3. 乐意与同伴合作使用水温计,轻拿轻放。

活动准备

物质准备:每两名幼儿一支水温计。

经验准备:大部分幼儿洗澡的时候有过用水温计的经验。

活动过程

一、情境导出水温计的话题。

1. 讨论引出水温计话题。

教师:阿姨家的宝宝出生了,每天都要洗澡,小宝宝皮肤很娇嫩,有什么好方法可以帮助阿姨知道水温呢?

二、认识水温计,学习拿、放水温计的方法。

1. 教师:你们见过水温计吗?在哪里见过?

2. 教师引导幼儿讨论拿水温计的方法。

教师:这里有一些水温计,你们看看水温计是由什么材料做的?

教师:大多数水温计都是由玻璃做的,而玻璃一不小心就会被碰碎,我们应该怎样拿水温计呢?今天两个小朋友共同使用一支水温计又要注意一些什么问题呢?

小结:拿水温计时要轻拿轻放,不能争抢。

3. 观察水温计。

教师:请两个小朋友一起仔细看一看水温计是什么样的?

幼儿交流各自的观察结果。

小结:水温计上都有刻度、红线(黑线)和数字。

三、幼儿逐一解读水温计上的秘密再进行记录。

1. 教师：水温计里的红线和刻度有什么用处呢？它们是怎么表示水温的呢？

教师用一张放大的图片来引导幼儿观察，告诉幼儿与红线顶头平齐的刻度线指示的是温度的读数。

2. 教师：水温计里的数字有什么用？

了解"℃"的读音：摄氏度。

教师：有哪些数字？缺少了哪些数字？它们在哪里？请你们分别用水温计量一量它们的温度，因为水的温度变化比较快，请你们在测量水温时动作快一些，找人少的盆先去测，测完之后要记录你们测量的水温。

3. 幼儿两人一组测量水温，在自己的记录单上标注红线，教师个别指导，帮助幼儿正确使用水温计和看读数。

4. 教师引导幼儿在小组内将自己的作业单与同伴的作业单进行交流。

四、引导幼儿了解温度计的不同种类。

教师：除了我们今天用的水温计外，你还知道哪些其他类型的温度计？它们是测量什么温度的？

活动建议

可以在科学区提供不同类型的温度计，鼓励幼儿使用并记录测量到的温度。

第四周 活动一 小小气象站（科学）

活动目标

1. 学习使用温度计，尝试在幼儿园的不同地点进行温度测量。
2. 通过温度测量和对比，发现在幼儿园不同地点的温度是不同的。
3. 认真观察、仔细记录，有计划地进行温度测量活动。

活动准备

物质准备：每两名幼儿一根温度计，一份记录表。

经验准备：会使用温度计。

活动过程

一、值日班长播报天气，引出话题。

1. 值日班长播报当天天气，教师将当天温度记录在黑板上。

2. 教师：今天的温度在这个范围之内，那现在到底是多少度呢？

二、幼儿用温度计测量目前教室的温度，复习温度计的使用和读数方法。

1. 教师出示温度计，用实物投影仪放大，请幼儿来观察刻度。

2. 幼儿看刻度读温度。

教师：与红线顶头平齐的刻度线指示的是温度的读数。

三、提出问题，引发幼儿进行讨论。

1. 教师：现在的温度是××摄氏度，你们觉得现在幼儿园是不是每一个地方的温度都是一样的呢？

2. 幼儿进行大胆猜测，如果说不一样，鼓励幼儿说出觉得哪里的温度会更高，哪里温度会更低。

3. 教师：那我们今天就来做一个实验，我们去幼儿园里的不同地点测量一下温度，测量之后要把温度记录下来。两个人一组，每个人选择三个地点进行测量，测量前要先商量好测量的地点，测量过程中要注意保护好温度计，轻拿轻放，不要奔跑。

四、幼儿在幼儿园里四散进行温度测量活动。

教师划片进行指导，针对个别儿童进行不同的指导，注意幼儿的安全。

五、展示各自的实验结果，分享实验结论。

1. 幼儿将各自的实验结果张贴在黑板上。

2. 教师请幼儿分别来说一说自己的实验结果。

3. 教师：为什么不同的活动场所温度会不一样？

4. 幼儿总结：在幼儿园不同地点的温度是不同的。

活动建议

小小气象站的活动可以放在科学区里，启发幼儿动脑筋通过改变周边环境来改变当前温度。班级里的不同地点也可以放上温度计，供幼儿进行观察比较。

活动二 拍手歌（语言）

活动目标

1. 学习儿歌，尝试根据儿歌中的数序推测儿歌的内容。

2. 能一边念儿歌，一边和同伴进行儿歌表演，感知儿歌的结构和韵律。

3. 愿意和同伴一起友好合作，体验儿歌游戏的乐趣。

活动准备

物质准备：小图片娃娃开飞机、娃娃打电话、娃娃吃饼干、娃娃写大字、娃娃敲锣鼓、娃娃摘石榴、娃娃抱公鸡、娃娃吹喇叭、娃娃拍皮球、娃娃做游戏，汉字数字卡片"一"到"十"。

经验准备：玩过拍手的游戏。

活动过程

一、认读黑板上的汉字，感知阅读单句。

1. 教师：小朋友，黑板上有许多汉字，你认识哪些？请大家读一读。

2. 教师读第一句和第二句，鼓励幼儿和自己一起读第三句、第四句。

3. 教师指读第五句：你拍几？我拍几？教师带领幼儿接着往下读。

二、看数字卡片和图片，完整地念儿歌。

1. 教师在第一句文字的后面出示汉字卡片"一"和图片"娃娃开飞机"。

2. 教师：请你看文字和图片，讲一讲图和文字的意思，说一说娃娃在干什么？

3. 教师带领幼儿连起来读：你拍一，我拍一，一个娃娃开飞机。（用同样方法学习后九句）

三、幼儿分组学说儿歌。

1. 采用问答的方式，分别用教师来问、幼儿来答，一组提问、一组回答的形式加深幼儿对诗歌内容的记忆。

四、学习拍手表演儿歌。

1. 教师先示范拍手念儿歌的单句，带领幼儿练习拍手的动作。

教师：请你想想，如果把每一句的答句用动作来表现，你可以做什么样的动作？（教师带领幼儿单句做拍手动作，双句做与歌词内容相符的动作）

2. 教师带领幼儿完整地边念边表演。

幼儿分组问答儿歌，南京话念儿歌，边念边表演等。

3. 幼儿面对面自由进行游戏。（本节课将座位调为双马蹄形）

附：

拍手歌

你拍一，我拍一，一个娃娃开飞机。
你拍二，我拍二，两个娃娃打电话，
你拍三，我拍三，三个娃娃吃饼干，
你拍四，我拍四，四个娃娃写大字，
你拍五，我拍五，五个娃娃敲锣鼓，
你拍六，我拍六，六个娃娃摘石榴。

你拍七，我拍七，七个娃娃抱公鸡。

你拍八，我拍八，八个娃娃吹喇叭。

你拍九，我拍九，九个娃娃拍皮球。

你拍十，我拍十，十个娃娃做游戏。

活动三　有趣的量高尺（美术）

活动目标

1. 欣赏、感受量高尺的不同设计图案及其设计创意，能运用借形想象、夸张等手法设计制作有创意的量高尺。

2. 知道自己随着年龄的增长身高也会变高，感受成长的愉悦，体验自己动手设计的乐趣。

活动准备

物质准备：趣味量高尺图片，裁成长条的彩色卡纸，彩色马克笔，标好身高尺度的透明刻度尺，双面胶，教师用范例一份，小贴画若干。场地上事先布置好离地40厘米高的长线一条。

经验准备：幼儿用过量高尺量身高，并且具有画线描画的经验。

活动过程

一、讨论并关注量高尺。

教师：一转眼，小朋友们就要从幼儿园毕业了。和刚上幼儿园的时候相比，外形上你们有哪些变化？你长高了吗？你是用什么量的？你用的量高尺是什么样的？

二、分类欣赏各种图案的量高尺，探索各种量高尺的不同创意设计及其蕴含的意义。

1. 欣赏各种量高尺组合，帮助幼儿感知"借形想象"的创意美。

教师：图片中，人们选择了哪些动物和植物作为量高尺呢？你们喜欢吗？

小结：长颈鹿、大树、大象都有一个长长的部位，要么是长长的脖子，要么是高高的树干，要么是长长的鼻子，方便我们做出刻度。这些量高尺我们都很喜欢。

2. 引导幼儿结合生活经验大胆联想，为创作做铺垫。

教师：还有哪些动物、植物或者其他物体可以做成量高尺呢？

小结：高高的楼梯、长长的梯子、细细的蛇等都能做成有趣的量高尺。

3. 欣赏有创意的量高尺，探索设计的巧妙之处，激发幼儿的创造力。

小结：原来生活中有许多有趣的量高尺，有的是利用动植物某个比较长的部位做成的，有的是根据物体的某一特性制作的，都表现出了设计师的巧妙创意。

三、介绍制作材料，鼓励幼儿大胆想象、设计有创意的量高尺。

1. 教师介绍制作材料，启发幼儿设想如何设计量高尺。

出示长条卡纸和透明刻度尺。

教师：可以选择长长的物体，也可以画出一个接一个的物体，让它变得很高。

2. 介绍量高尺模版，提出制作要求。

教师：画完设计稿后，再贴上透明刻度尺。

活动四　特殊的日子（社会）

活动目标

1. 知道一些有特别意义的纪念日，初步了解这些纪念日的含义。
2. 和同伴一起在日历上找到相应的特殊的日子，并尝试为某一纪念日设计图表。
3. 产生关爱自己、关爱他人的美好愿望和情感。

活动准备

物质准备：绘画纸、笔、糨糊若干，写有特殊意义的大白纸1张，标注特殊日子的日历6份。

经验准备：活动前进行过相关调查。

活动过程

一、回顾调查表内容，理解"特殊的日子"的含义。

1. 教师：我们每个人都有属于自己的特别的日子，比如自己的生日。我们生活中也经常会有一些"特别的日子"。这几天我们和爸爸妈妈共同完成了调查，大家可以把调查表拿出来相互交流。

2. 幼儿相互交流。

3. 小结：人们设立了许多特别的日子，这些日子都有自己的名称、固定的时间和特别的含义。

二、根据图片内容，在日历上标注出相应的日子，了解部分纪念日及其含义。

1. 了解六一儿童节。

教师：这是什么节日？是什么时间？要表达什么意思呢？在日历的哪里呢？

幼儿讨论，并在日历6月1日处标注上标记。

小结：每年的6月1日是小朋友的节日，希望我们的小朋友能够快快乐乐健健康康地成长！

2. 了解父亲节和母亲节。

教师：这是什么节日？是什么时间？要表达什么意义呢？

幼儿讨论，并在日历上标注出来。

小结：每年 5 月的第二个星期日是母亲节，每年 6 月的第三个星期日是父亲节，提醒着我们每个人要关心自己的爸爸妈妈。和六一儿童节不同，母亲节和父亲节每年的日期会不一样，要仔细记牢。

3. 了解爱耳日、爱眼日和爱牙日。

教师：看看这些图片，是什么节日呢？在什么时间？要表达什么意思呢？

幼儿讨论，并在日历上标出相应日期。

小结：每年的 3 月 3 日是"全国爱耳日"，6 月 6 日是"全国爱眼日"，9 月 20 日是"国际爱牙日"。这些日子是提醒我们要关爱自己的身体。

三、翻看日历，找找其他的纪念日。

1. 教师：除了我们刚才说到的特殊的日子，在日历里还有一些特殊的日子，请你们也去日历里找一找。

2. 幼儿交流自己在日历里找到的特殊日子。

四、给某一个纪念日制作图标。

1. 教师：我们来当设计师，每个人选择一个自己喜欢的纪念日，给它设计一个标记，我们要告诉身边的人，记住这些特殊的日子。

2. 幼儿分组设计。

3. 教师将幼儿设计的图标制作成一张海报张贴在幼儿园。

活动五　毛毛虫向前进（体育）

活动目标

1. 继续练习多人协同走，学习协同下蹲走：彼此之间不脱离，尝试用喊口令方法使步伐节奏尽可能一致，同时向一个方向下蹲走。

2. 通过探索实践、相互学习摸索协同下蹲走的技巧。

3. 体验与同伴合作的乐趣，喜欢和同伴共同游戏。

活动准备

物质准备：音乐《加油，好男儿》《风的色彩》、草地、石子路、绿色长绳、枝叶、毛毛虫贴纸。

经验准备：幼儿基本掌握协同直立走。

活动过程

一、开始部分。

1. 单人毛毛虫锻炼身体：头部运动（四个方位点头，绕环）—上肢运动（胸前绕环，扩胸）—腰部运动（弯腰手碰脚绕环）—下肢运动（抬腿绕环）。

2. 协同走练习。

二、基本部分。

1. 毛毛虫学习协同下蹲走。

教师：经过锻炼，毛毛虫长大了，现在有一个新的任务摆在大家的面前，毛毛虫要钻过很矮的山洞，必须下蹲走，还要走得又稳又快。单人走很容易，今天我们就从两人一体的毛毛虫开始练起。请组成两人一体毛毛虫，找一个空地方练习，我会请走得又稳又快的毛毛虫当毛毛虫先锋队率先闯关。

2. 幼儿分散练习两人协同下蹲走。

3. 教师在指定范围内请幼儿相互交流协同下蹲走的方法。

教师：要想走得又稳又快，第一，两人之间的距离一定要近一些；第二，控制好速度，不能盲目求快；第三，步伐节奏一定要一致，我们可以用喊口令的方法来统一节奏，"一二、一二……"。

4. 幼儿再次练习。

教师：请毛毛虫再去练习，我要按三点要求来挑选毛毛虫先锋队了。

幼儿尝试毛毛虫的造型，练习下蹲走钻过缝隙。教师巡回指导，注意观察幼儿下蹲走时两人的空间距离和动作速度，及时提示和帮助他们共同喊口令。

5. 教师变化条件，请幼儿继续尝试学习。

教师：毛毛虫又长大了，快快变成四人一体。

幼儿就近两队组合开始游戏。

6. 游戏：毛毛虫向前进。

毛毛虫走过草地—走过小桥—走过石子路—钻过山洞。

走过一圈，单人毛毛虫变成双人一体毛毛虫，再走过一圈，双人毛毛虫变成四人一体毛毛虫。

三、结束部分。

1. 教师：毛毛虫们一起来放松放松吧。（重点放松腿部）

2. 教师：毛毛虫越长越大，终于变成了美丽的蝴蝶。（蝴蝶四散飞舞，做放松动作）

主题活动三

办个我们自己的运动会

主题活动三
办个我们自己的运动会

主题意图

春暖花开,又是户外运动的好时节。随着年龄增长,大班幼儿愿意挑战更复杂的运动。幼儿园的操场、家门口的运动器械、小区的广场、五台山的体育馆、河西的奥林匹克体育中心等开阔的户外场地都是孩子们向往的地方,都是他们爱去的地方。他们喜欢在这里奔跑、运动,在这里和同伴游戏、交往。玩球、跳绳、游泳、赛跑、跳远、投掷、骑车、轮滑等运动项目都是大班幼儿喜爱的体育活动。同时,他们日益增长的好奇心与求知欲促使他们渴望了解与运动有关的更为广阔的世界。他们会问:"奥林匹克体育中心是什么样子,为什么要建这么大?""运动对我们人体有什么好处?""小动物们需要运动吗?""为什么运动员比赛一结束就穿上衣服,他们不热吗?""为什么体育课上都要做热身操?""为什么运动完了腿会发酸呢?""放松活动为什么要这么慢呢?"此主题活动就在这适合运动的春季展开了。

通过主题活动,幼儿在寻找问题答案的过程中获得了丰富的运动体验,树立了"运动促进健康"的观念。主题中,幼儿除了了解人类运动会,还可以了解动物的运动方式,自己筹办小朋友的运动会。幼儿将运动和自己的生活联系起来,制订晨间运动计划,坚持运动,从而喜欢运动,获得自主运动的能力,形成良好的运动习惯。

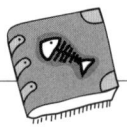

主题目标

健康:

1. 有探索身体奥秘的兴趣,学习简单的自我保护方法。
2. 喜欢锻炼身体,感受体育活动的有趣;能轻松自如地走、跑、跳、攀登、滚翻;会肩上挥臂投掷并投准目标,能抛接高球。
3. 能熟练地听各种口令和信号做出相应的动作;能随音乐节奏有精神地做徒手操和轻器

械操，动作有力、到位。

4. 能注意安全，自觉遵守体育活动的规则，学会合作。

5. 能体验到克服困难取得胜利的愉悦，为自己和他人的成功感到喜悦；能独立收拾各种小型体育器材。

语言：

1. 能正确使用时间词、空间方位词和量词等词类，描述人物或事件；能够开始使用有连接词的复合句。

2. 在熟悉文学作品人物、情节和体验作品表达情感的基础上，学习理解作品的主题或感受作品的情感脉络，并能初步概括作品大意，尝试通过表情、肢体动作等进行表征。

3. 能观察画面的细节部分，根据故事的部分情节或画面线索猜想情节的发展，紧扣主题连贯地续编、创编故事。

社会：

1. 能积极主动参与运动会筹备及运动会的各项活动，通过努力克服困难，增强自尊心和自信心。

2. 积极参与交流、讨论等活动，共同讨论完成"民族运动夺冠赛"的活动方案，理解规则的意义，能和同伴协商制定游戏和活动的规则。

3. 知道第二届青年奥林匹克运动会于2014年在南京举行。

4. 愿意为集体服务，为集体的成功感到高兴，有初步的集体荣誉感、责任感。

科学：

1. 学习8以内数的分解和组成，学习用加减法解答生活中一些简单的问题。

2. 初步体验序列之间的传递性、双重性和可逆关系。

3. 获得有关运动的科学经验，并尝试用完整连贯的语言与同伴和教师交流自己探索的过程和结果。

4. 能通过细致观察、比较和分析，发现并用清楚、完整的语言描述不同种类物体的特征或某个物体前后的变化（如：蚕的生长变化等）。

5. 认识左右，学习以自身和客体为中心区分左右。

艺术：

1. 学习使用不同咬字、吐字及气息断连方法；在集体歌唱活动中建立默契感，体验默契配合的快乐。

2. 积极主动参与美术欣赏活动，学习欣赏并感受运动形象的造型美、色彩的色调及其情感表现性，构图的对称、均衡、节奏与和谐美。

3. 用目测的方法将纸等面状材料分块剪、折叠剪，以此来拼贴平面的物象或制作立体的运动造型。学习用延伸、拉的方法并配合其他泥工技法塑造结构较复杂的运动形象，表现主要特征和某些细节。

4. 喜欢欣赏不同形式的音乐作品，能用表情、语言、动作表达自己的感受和理解，愿意和别人分享、交流自己的体验。

主题网络图

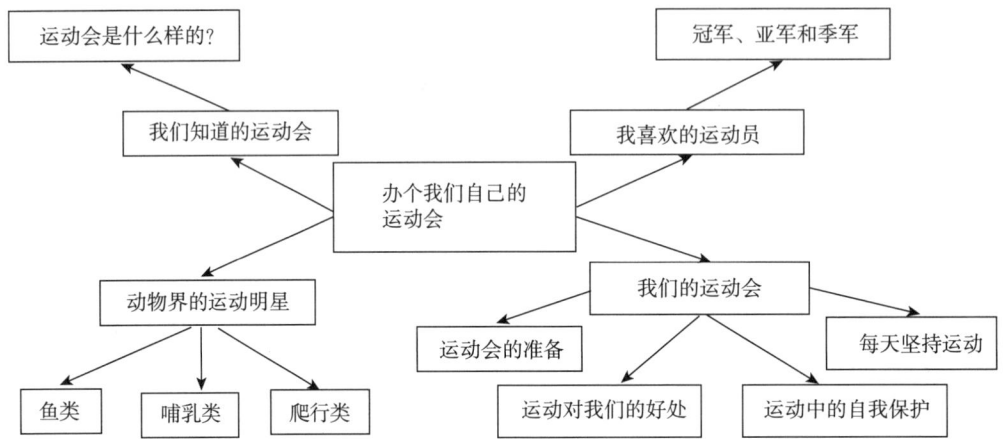

环境创设

1. 在主题墙上粘贴幼儿喜爱的运动员、幼儿自己或幼儿家人运动时的照片，营造主题氛围，丰富幼儿的运动知识与经验。
2. 在主题区粘贴运动项目介绍与运动中的安全保护宣传画，拓展幼儿的运动知识，教会幼儿运动中自我保护的方法。
3. 收集各种各样的运动器械、玩具放置在主题区，丰富幼儿体育知识与经验。
4. 在建筑角粘贴奥体中心、鸟巢等运动场馆的图片，供幼儿建构时参考。

三方互动

教师——组织主题系列活动，鼓励幼儿积极参与。在"家长联系栏"及时粘贴通知，让家长了解主题的进展情况。创设各个区域,根据自班幼儿情况设计并发放调查表,筹备"民族运动夺冠赛"。

幼儿——积极参与到参观、设计、比赛等各项活动中,体验参与的快乐。

家长——帮助幼儿收集相关运动员资料、照片、运动器械,家长志愿者陪同参观奥体中心。

特色活动

	活动	活动准备	指导要点	参与幼儿
健康大活动	擦擦、扫扫	与人数相等的抹布、扫把、簸箕	关心幼儿园的环境,主动打扫幼儿园公共场所的玩具、桌椅、地面等	全年级幼儿
安全教育活动	学会在运动中避让	自我保护的方法图片	幼儿学会在运动中自我保护的方法	本班幼儿
户外活动	建构:奥体中心	积木、奶粉罐等各种辅助物、奥体中心照片	能用垒高、架空、延伸等方法建构,大胆选用辅助物进行	本班幼儿
	民间体育游戏:赶小猪	纸棒、皮球或纸球若干	学会侧向击球的方法	本班幼儿
语言活动	我们爱运动	绘本《我们爱运动》或PPT	通过阅读绘本从中学会"重在参与""自信自强""超越自我""友谊与公平竞争""齐心协力"的精神	本班幼儿
	动物运动会	绘本《动物运动会》或PPT	通过阅读绘本让幼儿对运动产生兴趣	本班幼儿
	小个也能打篮球	绘本《小个也能打篮球》或PPT	通过阅读绘本培养幼儿超越自我的运动精神	本班幼儿
	没有声音的运动会	绘本《没有声音的运动会》或PPT	阅读绘本,知道绘本内容,感受小老鼠爱爷爷的情感	本班幼儿

续表

	活动	活动准备	指导要点	参与幼儿
音乐活动	龟兔赛跑	龟兔赛跑课件、图片	进一步了解京歌拖长腔、过门、念白等特点,能用京剧的唱腔演唱歌曲	本班幼儿
	健康歌	与《健康歌》内容相关的图片	借助图片及教师的引导,能根据歌词创编动作	本班幼儿
	运动会进行曲	各种运动项目中运动员的照片或图片、音乐	进一步感受进行曲雄壮有力的风格,用动作表现熟悉的运动项目	本班幼儿

区域活动

	活动与指导要点	幼儿关键经验	材料与层次
建构区	活动:奥体中心 指导要点:大胆选用辅助物进行建构	注意建构中对作品的避让	材料:积木与各种辅助物、奥体中心照片 层次一:尝试模仿图片、照片搭建"奥体中心"; 层次二:能大胆使用辅助材料进行建构; 层次三:与同伴合作完成"奥体中心"的搭建,并注意避让和保护已经完成的作品
生活区	活动:水果酸奶 指导要点:自制水果酸奶并品尝,不贪吃	初步了解水果酸奶的营养价值,体验健康食品的好处	材料:各种口味的酸奶,香蕉、草莓、苹果等水果若干,点心盘、安全餐刀、餐巾若干 层次一:按不同的口味将酸奶分类摆放,选择自己喜欢的酸奶进行品尝; 层次二:选自己喜欢的水果加工成块状,添加在酸奶中
美工区	活动:运动娃娃 指导要点:能通过绘画表现出运动时四肢的变化	能画出运动状态下四肢的变化	材料:素描纸、彩笔若干、运动娃娃图片 层次一:乐意与同伴讨论运动娃娃的形象; 层次二:尝试绘画出运动中的娃娃; 层次三:能根据自己的主题构思并绘画出运动中的娃娃

续表

	活动与指导要点	幼儿关键经验	材料与层次
美工区	活动：金银铜牌 指导要点：正确选择金色、银色、铜色分别为冠、亚、季军制作奖牌	知道金色、银色、铜色三种颜色分别表示不同的名次	材料：金色、银色、铜色绦纶纸，剪刀、彩色打印纸、奖牌图片等 层次一：尝试用不同颜色的纸为冠、亚、季军制作奖牌； 层次二：剪出大小适中的运动员造型粘贴在奖牌上； 层次三：学会挑选材料，制作精美的运动会专用奖牌
美工区	活动：泥工运动员 指导要点：学习用拉、伸的技能表现运动中的人物造型	知道搓长可以方便拉、伸造型	材料：油泥、泥工板、运动中的照片若干 层次一：用油泥表现运动中的人物，比例得当； 层次二：尝试用拉、伸的技能表现运动中的立体人物造型； 层次三：与同伴合作表现一组运动项目中的人物造型
益智区	活动：我的参赛项目 指导要点：能根据自己的喜好大胆选择参赛项目并完成"我的训练计划书"	知道养成运动的好习惯是要靠长期坚持的	材料：比赛项目图、"我的训练计划书"、彩色笔等 层次一：能与同伴共同讨论并选择自己的参赛项目； 层次二：记录自己的训练情况； 层次三：回顾自己的训练过程并乐意与同伴分享过程
益智区	活动：运动的防护用具 指导要点：穿戴各种防护用具的方法	知道不同的运动要选择不同的防护用具	材料：太阳帽、护膝、护肘、运动防护帽、护腕、体育垫等 层次一：尝试佩戴不同的防护用具； 层次二：能正确穿戴各种防护用具； 层次三：能根据不同的运动项目选择不同的防护用具

续表

	活动与指导要点	幼儿关键经验	材料与层次
益智区	活动：体育明星画册 指导要点：观察运动员运动时的场景，尝试用恰当的词汇和连贯的语句来表述	感受运动的激烈与快乐	材料：《体育画报》若干 层次一：阅读《体育画报》，指认自己喜爱的体育明星； 层次二：阅读《体育画报》，了解自己喜爱的运动项目； 层次三：了解自己不熟悉的运动员与运动项目
	活动：瓷砖设计 指导要点：鼓励幼儿依据平时看到过的瓷砖花样自己设计图案，将颜色按一定的规律填充到格子里。也可以让幼儿先进行瓷砖设计，再进行墙面的组合，幼儿完成的墙面可用于游戏布置的场景中，以激发幼儿的设计兴趣	依据平时看到过的瓷砖花样自己设计图案	材料：将空的纸板箱打开裁切为两块，在纸板箱的上面画好格子；油画棒 层次一：愿意参加活动，会在格子里涂色； 层次二：能用漂亮的颜色搭配着在格子里涂色； 层次三：将颜色按一定的规律填充到格子里。也可以让幼儿进行瓷砖设计，再进行墙面的组合
	活动：魔术师的魔盒 指导要点：能根据操作结果，做正确记录	将薯片罐横放在桌上插入硬纸片，再分别从两头倒出豆子，记录两边各自的数量	材料：薯片罐若干，加工成两头同时加盖可打开，在薯片罐中心处横切一刀（切至横切面的一半处；硬纸片若干（面积比横切面略小些）；豆子若干；笔；记录纸 层次一：愿意参加活动，尝试着记录； 层次二：能按规则玩，记录两边各自的豆子数量； 层次三：引导幼儿观察同样数量的豆子可以有几种不同的分法

续表

	活动与指导要点	幼儿关键经验	材料与层次
探究区	活动：它们是怎样运动的 指导要点：幼儿自己选择喜欢的运动器械进行游戏，游戏中观察它们是怎样运动的	探究运动器械的玩法，观察器械的运动方式（轨迹和玩法）并绘画说明	材料：纸球、悠悠球、自行车等 层次一：能大胆尝试运动器械； 层次二：与同伴合作进行运动项目，一个人运动、一个人观察； 层次三：以绘画的方式记录这些运动器械动起来的轨迹和玩法
阅读区	活动：绘本阅读《动物运动会》 指导要点：独立阅读绘本，对于绘本中的各种运动形象感兴趣，体验运动精神	学习并感受运动中不怕困难、超越自我的精神	材料：绘本《动物运动会》 层次一：独立阅读绘本，寻找有关运动的画面和内容； 层次二：能围绕画面内容，较连贯地进行讲述； 层次三：能与同伴交流自己的发现与感受
扮演区	活动：运动明星模仿秀 指导要点：能抓住自己喜爱的运动明星的经典动作特征并进行模仿	了解以身体为中心的不同方位	材料：运动员图片若干、各种运动器械若干、相机一部 层次一：模仿自己喜爱的运动明星的经典动作； 层次二：以自身为中心摆出不同方位的动作造型； 层次三：能用相机将同伴的模仿造型完整拍下
运动区	民间体育游戏：赶小猪 指导要点：保持姿势，遵守游戏规则	学会侧向击球的方法	材料：纸棒、皮球或纸球若干 层次一：能用纸棒击球向前行进； 层次二：注意避让同伴，按规定路线行进； 层次三：与同伴比赛，努力为小组取得好成绩

集体教学活动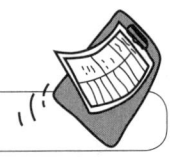

第一周		第二周	
1.	参观体育馆（社会）	1.	运动后的身体变化（健康）
2.	我的晨间活动计划（健康）	2.	我喜爱的运动员（社会）
3.	运动小能手（体育）	3.	龟兔赛跑（一）（语言）
4.	学习9、10的组成（数学）	4.	龟兔赛跑（二）（音乐）
5.	运动健将（美术）	5.	按差异个数摆放图形（数学）
第三周		第四周	
1.	学习6、7的加减（数学）	1.	全能运动员（体育）
2.	健康歌（音乐）	2.	运动员进行曲（音乐）
3.	金螃蟹王（语言）	3.	运动员在比赛（美术）
4.	动物的运动方式（科学）	4.	贴贴花（数学）
5.	螃蟹过沙河（体育）	5.	民族运动夺冠赛（综合）

第一周 活动一 参观体育馆（社会）

活动目标

1. 通过与工作人员交流，了解体育馆的基本情况。
2. 能根据自己的需要选择适合自己的运动器械和场地进行运动。
3. 对各种体育运动感兴趣，愿意参加各种体育运动。

活动准备

物质准备：书包、板夹、勾线笔、参观记录表；联系若干名家长志愿者协助组织亲子参观活动。

经验准备：知道大部分体育赛事都是在体育馆举行的。

活动过程

一、导入活动，激发幼儿参与活动的兴趣。

教师：你去过体育馆吗？你知道体育馆里有什么吗？今天我们要去参观体育馆！

二、展示"参观记录表"，引导幼儿了解参观内容，学会如何记录。

1. 教师：这张表格你能看懂吗？是什么意思？
2. 幼儿自由讨论。
3. 教师介绍表格的含义、记录方法。

三、讨论参观的注意事项。

1. 教师：参观的过程中我们要注意什么呢？
2. 引导幼儿从过马路时的注意事项、需要携带的物品、参观时的礼仪等方面进行讨论。
3. 师幼共同总结。

四、介绍家长志愿者，分组出发。

五、自主参观体育馆。

幼儿分组自主参观体育馆，并进行记录，鼓励幼儿与工作人员进行交流。

六、请工作人员介绍体育馆的主要设施以及它们的用途和使用方法，幼儿可以将自主参观时的疑问有目的地向工作人员提问。

七、幼儿参与自己喜欢的运动，勇敢尝试合适的运动项目。

要求：能够选择适合自己的运动器械和运动场地进行活动，有安全意识。

八、回园,总结。

幼儿在教室以及家长志愿者的带领下有序回园。

活动建议

教师与幼儿共同搜集关于国内外体育场馆的资料、图片,布置在活动室内。

活动二 我的晨间活动计划(健康)

活动目标

1. 初步了解上肢、下肢、全身运动内容和项目,知道晨间锻炼的每一项运动都对身体生长有好处。

2. 学习记录运动内容,能借助同伴交流,制定适宜的晨间活动计划。

3. 在运动中关心自己的身体变化,热爱运动。

活动准备

物质准备:幼儿调查问卷"一周锻炼计划表";运动员图片;电脑、实物投影仪等。

经验准备:幼儿已有晨间活动相关经验。

活动过程

一、体验导入,引发思考。

1. 教师:我们一起做运动,每个人都来感受一下自己的身体有什么变化?有什么不同的感觉?

2. 幼儿在晨间锻炼中自由选取上、下肢两种运动器械,做一分钟运动。

二、主动探索,建构经验。

1. 两组分别交流运动后不同的感受。

2. 教师帮助幼儿建立上下肢运动的初步概念。

教师:像小朋友这样手臂用力比较大的、活动次数多的运动,我们可以给它起个什么名字呢?我们就叫它上肢运动。

教师:腿和脚在运动过程中用力比较大、活动次数多的运动,我们可以给它起个什么名字呢?我们就叫它下肢运动。

教师:原来我们在分别进行上肢或下肢运动的时候,上肢和下肢得到不同的锻炼,身体就会有不同的感觉。那手臂、腿和脚一起的运动叫什么名字呢?我们也给它起个名字叫全身运动。

3. 观察幼儿晨间活动器械,幼儿按照上、下肢和全身运动分类,师幼一同验证分类是否正确。

三、开拓视野，提升经验。

1. 教师：让我们来看看这些运动员，他们身体的哪些部位很强壮、很健美？

2. 讨论：要想让我们自己全身每一个部位都能得到充分锻炼，你会怎么做呢？让我们再来看一看这三个小朋友的运动计划表设计得好不好？幼儿同伴间讨论。

四、内化经验，制订计划。

1. 教师：我们每个人都有自己的想法，那就在"一周锻炼计划表"上记录自己下一周的锻炼计划吧，让我们看看你的计划能不能让你全身各个部位都得到锻炼和发展。

2. 幼儿在"一周锻炼计划表"上记录自己的锻炼计划。

3. 请幼儿介绍自己的锻炼计划，并说明自己设计的原因。

4. 小结：我们要想全身各个部位都得到锻炼，让我们的身体长得棒棒的，就要让上肢、下肢交替得到练习。让我们按照我们自己制订的锻炼计划行动吧！

活动建议

1. 日常晨间活动中，提示幼儿按照自己制订的计划选择游戏内容。

2. 根据列表中幼儿关心的问题，与幼儿共同讨论并调整晨间活动相关内容。

3. 区域活动中共同收集有关运动后身体发展的资料。

活动三 运动小能手（体育）

活动目标

1. 参与跑、跳、滚等运动，增强下肢力量。

2. 能遵守规则，与同伴共同完成各项游戏，发展合作能力。

3. 感受集体竞赛的快乐。

活动准备

物质准备：录音机、音乐、人手一块泡沫垫。

经验准备：有玩泡沫垫的经验。

活动过程

一、准备部分。

1. 幼儿进场，四队散开站立，在场地内听信号走、跑交替。

2. 在音乐伴奏下师生一起做热身操，进行头部、上肢、体转、腹背、踢腿、下蹲、四肢关节活动。

二、基本部分。

1. 幼儿自由探索泡沫垫的多种玩法。

教师：泡沫垫有哪些用途？可以怎样用它来锻炼身体呢？请你们每人拿一块垫子到场地上进行锻炼，看看谁的方法好！

2. 幼儿自由探索，教师巡回指导，引导幼儿合作进行锻炼。

3. 请幼儿集中，有目的地请一些幼儿示范锻炼的方法。

（1）一个人的锻炼方法：双脚并拢跨跳泡沫垫、头顶泡沫垫单脚站立等。

（2）两个人的锻炼方法：手握垫双手互拉、拔河；一人腋下夹垫，另一人抢垫子；垫子放背后，两人背靠背角力等。

（3）三人以上的锻炼方法：接成一长龙进行爬行；一个接一个进行接龙跳障碍、钻山洞等。

4. 在教师的带领下，全班幼儿进行模仿锻炼。

（1）一个人锻炼：双脚并拢跳上垫、跳下垫；向前跳跃垫、向后跳跃垫、向左右跳跃垫；头顶垫子左右脚交互独立平衡等。

（2）两人组合锻炼：用垫子拔河、拉锯；互相背靠背进行角力。

（3）四人一小组锻炼：双脚连续跳跃、助跑跨跳过地上的垫子；将4块垫子接龙，手脚不碰垫子进行横向从一端爬向另一端（垫子在手脚之间）。

5. 分成四大组进行综合锻炼、竞赛。

（1）双脚连跳：各组幼儿将自己的垫子排列成一条直线，垫子与垫子间隔0.5米左右。各组依次站立在起点线后，当教师发出"出发"信号后，各组幼儿一个接一个地进入场地连续跳过本组地面上的每张垫子后，回到起点。

（2）横卧滚垫子：各组幼儿将垫子在场地上拼接成一条长龙后，在起点线后等待。听到教师"开始"信号后，各组的第一个幼儿马上进入场地侧卧垫上向前方横向滚，滚到垫子末端后起身跑回起点，第二个幼儿再出发……直到本组最后一个幼儿滚完回到起点。

（3）接龙跨跳：各组幼儿呈早操点位下蹲双手扶立垫，听到教师"开始"信号后，第一个幼儿放下手中的垫子，跳过本组其他幼儿竖起的垫子后回到自己位置竖起垫子，第二个幼儿再开始接着跳……直到本组最后一个幼儿完成回到起点。

三、结束部分。

1. 教师：小运动员们出了很多汗，很累，我们一起来放松放松吧。

教师带领幼儿在音乐声中放松身体的各个部位。

2. 教师与幼儿共同小结，师生收拾垫子回教室。

活动四 学习9、10的组成（数学）

活动目标

1. 学习按序将9、10分成不同的两份，感知9、10的分合。
2. 能感知、理解两个数之间的互补关系。
3. 愿意积极思考，发表自己的想法及意见。

活动准备

物质准备：

1. 教具：10朵大小、颜色不同的花，数字，分合号。
2. 学具。

　　第一、二组：人手一套正反两种颜色的片片10片，材料纸，铅笔12支。

　　第三、四组：长条格子纸若干，剪刀、糨糊、抹布、材料纸。

　　第五、六组：颜色、大小、形状不同的图形若干，糨糊、操作材料纸。

经验准备：有组合8以内数的经验。

活动过程

一、集体活动。

1. 复习8的组成——"碰球"。

教师交代游戏规则：我们来玩一个碰球的游戏，我的球和你们的球上的数字合起来要是8。

师幼游戏。

2. 学习9的组成。

教师出示9朵花，教师：这里有什么？它们有什么不同？各有几朵？

教师引导幼儿从大小、颜色、方位上观察和讲述，如：上面1朵花，下面8朵花……

教师：谁能有序地把刚才说的记录下来？（如：上面1朵花，下面8朵花，9可以分成1和8……）

教师和幼儿共同检查，感知两个较小数之间的互补关系。

教师：我们检查一下是否有序？是按什么顺序记录的？请你看看这并列的两个数前面多出的1是从哪里来的？后面少的1到哪里去了？

师幼共同总结。

3. 学习10的组成。

教师出示10朵花，教师：这里有什么？它们有什么不同？各有几朵？

教师引导幼儿从大小、颜色、方位上观察和讲述，如：上面1朵花，下面9朵花……

教师：谁能有序地把刚才说的记录下来？（如：上面1朵花，下面9朵花，10可以分成1和9……）

教师和幼儿共同检查，感知两个较小数之间的互补关系。

教师：我们检查一下是否有序？是按什么顺序记录的？请你看看这并列的两个数前面多出的1是从哪里来的？后面少的1到哪里去了？

师幼共同总结。

二、小组活动。

1. 介绍小组游戏

（1）游戏名称：翻片片（2组）。

教师：小筐里有正反两种颜色的片片，请你试一试翻出两种不同颜色的片片，它们合起来要等于10，并请你记录下来。

（2）游戏名称：剪贴格子（2组）。

教师：这里有格子纸，请你剪出9个格子或10个格子，并把它们贴成一排。

（3）游戏名称：看差异标记选图形（2组）。

教师：这里有颜色、大小、形状不同的图形若干，请你按照操作材料上的标记选择对应的图形贴在空格里。

2. 幼儿操作，教师巡回指导。

三、活动评价。

教师和幼儿一起分析评价小组活动中的练习情况和注意事项。

活动五　运动健将（美术）

活动目标

1. 能用火柴棒、毛根、锡纸条、吸管表现人体的躯干和四肢动作，构成各种运动的人物动态。

2. 发展幼儿对线条造型的兴趣以及空间想象力，尝试运用拼接、折断的方法，表现人物的不同造型。

3. 在摆弄材料的过程中，体验到拼接、组合的乐趣。

活动准备

物质准备：火柴棒、毛根、锡纸条、吸管、糨糊、水彩笔、操作纸。

经验准备：观察运动员运动的图片，了解人在各种运动状态中的不同姿态，如跑、跳、爬等。

活动过程

一、师幼谈话，导入活动。

1. 教师：我们在运动会上看到过哪些比赛项目？你最喜欢哪个项目？如果让你用动作表现你最喜欢的运动，你会怎样表现？

2. 游戏：猜猜他在做什么运动？

（1）个别幼儿每人做一个固定的运动动作，其他幼儿猜一猜他们在做什么运动，如投掷、跳、跑、爬、游泳、拍球等。

（2）幼儿讨论、猜测。

二、引导幼儿观察运动时身体的不同姿态。

1. 两至三名幼儿摆好动作后，教师请其余幼儿观察这几名幼儿的手臂、腿、背、腰的姿态。

2. 教师：用火柴棒代替他们的身体、四肢行不行？可以怎样做？

3. 在教师引导下幼儿观察图片。

三、交代要求，幼儿操作，教师指导。

1. 教师：今天我们要用火柴棒在操作纸上拼贴、绘画运动健将们漂亮的运动姿态。运动员的头可以用彩色笔画，身体和四肢可以用火柴棒贴，需要时可以将火柴棒折断。先拼好，再在火柴棒上涂糨糊粘贴在操作材料纸上，你也可以用毛根、锡纸条、吸管来制作运动的小人。

2. 幼儿操作，教师个别指导。

四、评价作品，结束活动。

在黑板上、桌面上展示幼儿作品，幼儿学一学火柴棒、毛根、锡纸条、吸管运动员的运动姿态。

活动建议

可以将各种运动中运动员的动态图片展示在活动室内，供幼儿欣赏、观察，从而帮助幼儿了解各种不同运动的身体动态。

第二周　活动一　运动后的身体变化（健康）

活动目标

1. 感受运动前后身体的变化，知道运动要适度，避免过度疲劳。

2. 能运用多种方法将自己运动前后的感受和身体变化情况记录下来。

3. 关注身体生长变化，培养适度运动的好习惯。

活动准备

物质准备：记录单人手一张、笔、板夹；手表等计时工具；各种运动器材，如皮球、跳绳、大型玩具等；事先联系好保健老师准备相关事宜。

经验准备：知道运动后身体会发热出汗。

活动过程

一、户外活动，导入活动。

幼儿每人选一种运动项目（跳绳、跑步、爬行、踩高跷、板羽球等），自由地在场地上充分活动。

二、感受运动后的身体变化，记录表格中"运动后"内容。

1. 教师：你都喜欢什么体育运动？你知道在运动后，我们的身体会发生哪些变化吗？

2. 幼儿自由讨论。

3. 教师将幼儿讨论到的内容用图或者图加文的形式记录在黑板上。

三、出示观察记录单，引导幼儿理解。

1. 教师：今天我们就来观察、比较运动前后我们身体都发生了哪些变化。

2. 出示记录表、计时工具，学习记录、使用的方法。

（1）教师：你能看懂这张表吗？你觉得这张表格表示什么意思？

（2）小结：我们将刚才讨论到的内容记录在这张表格上，可以怎么记录？要运用到什么工具？

（3）出示手表，引导幼儿学习计时的方法。

3. 幼儿分组活动，记录表格中"运动前"内容。

四、集中展示幼儿的记录单，请幼儿联系记录表说说运动后的身体变化。

五、请保健医生总结人运动前后的身体变化，并向幼儿介绍科学运动的知识。

活动二　我喜爱的运动员（社会）

活动目标

1. 认识一些运动员，了解运动员的小故事。

2. 能用较完整的句子较连贯地讲述"我最喜欢的运动员"，清楚地表达自己想参与的运动会项目。

3. 感受运动员坚持不懈、不怕困难的精神。

活动准备

物质准备：幼儿携带有关"运动项目"的资料。

经验准备：幼儿记住在奥运会上得金牌的人物。

活动过程

一、展示"运动项目"资料，激发幼儿的兴趣。

教师：我们回家后都和爸爸妈妈一起查找了各种运动项目的资料，请你给大家介绍你最喜欢的运动项目。

二、幼儿自由讨论自己喜欢的运动项目。

1. 教师引出谈话内容。

教师：小朋友，你们能给大家讲讲谁获得了这个项目金牌吗？

2. 幼儿分组谈论奥运会上获得金牌的人物。

幼儿自由分组，请幼儿相互交流获得金牌的人物。教师参与一组，讲讲自己最喜欢的运动员，引导幼儿将话题集中在"最喜欢的运动员"上。

3. 集中全班幼儿，请个别幼儿来讲，内容涉及各个方面，有射击，跑步，游泳等。

三、教师通过启发提问，逐层深入拓展谈话内容。

1. 教师：听了别的小朋友说的"最喜欢的运动员"，你喜欢谁？你为什么喜欢他？他为什么能做冠军？我们现在还小，我们该做些什么呢？"

2. 小结：运动员们获得金牌是很不容易的，他们经过努力才获得了这些成绩。我们为他们的胜利感到骄傲，同时作为小朋友的我们从现在起就要好好学习，长大后像他们一样为国争光。

3. 教师：如果我们班要举办运动会，你希望参加什么项目？你会怎样努力训练？

4. 幼儿自由分组讨论自己喜欢的运动项目，教师用表格进行记录，最后确定方案。

四、幼儿报名参赛，并制订自己的训练计划。

活动建议

将在奥运会上获得金牌的中国运动员的图片展示在班级，供幼儿观看，从而激发幼儿的爱国情感。

活动三 龟兔赛跑（一）（语言）

活动目标

1. 欣赏故事，理解故事主要内容，懂得骄傲使人落后的道理。
2. 能在欣赏、讨论和表演中，加深对故事情节的理解。
3. 养成安静倾听同伴的发言、理解和思考的习惯。

活动准备

物质准备：《龟兔赛跑》故事PPT；乌龟、兔子图片；乌龟、兔子头饰若干。

经验准备：知道在生活中兔子比乌龟跑得快。

活动过程

一、导入活动，引发兴趣。

教师：它们是谁？乌龟走起路来是什么样子的？兔子走起路来是什么样子的？请你来学一学！如果乌龟和小兔进行一次赛跑，你觉得谁会赢？为什么？

幼儿集体观察乌龟和兔子的图片，交流讨论。

二、先听故事结尾，幼儿猜测故事情节。

1. 教师：有一天，森林里的乌龟和小兔真的进行了一次赛跑，结果却是乌龟赢了，小兔子输了，猜一猜这是为什么？

2. 幼儿自由讨论，猜测故事情节。

教师：谁愿意来说一说小兔为什么会输呢？

3. 边看教师演示课件边讲述故事。

教师：故事的名字叫什么？小兔子为什么会输？

教师：故事中的小乌龟为什么会赢了小兔子呢？而小兔子又为什么会输给小乌龟呢？

三、再次边看教师演示课件边讲述故事。

教师：请问在这个故事中，你最喜欢哪位小动物？为什么？

教师：听了这个故事你懂得了什么道理呢？

四、幼儿尝试分角色表演故事。

教师：今天我给大家带来了乌龟和兔子的头饰，请你们自己选择头饰边看课件边表演。

附：故事

龟兔赛跑

兔子长了四条腿，一蹦一跳，跑得可快啦。

乌龟也长了四条腿，爬呀，爬呀，爬得真慢，真慢。

有一天，兔子碰见乌龟，笑眯眯地说："乌龟，乌龟，咱们来赛跑，好吗？"

乌龟知道兔子在和他开玩笑，眯着一双小眼睛，不理也不睬。

兔子知道乌龟不敢和他赛跑，乐得摆着耳朵直蹦跳，还编了一支山歌笑话他：

"乌龟，乌龟，爬爬，

一早出门采花；

乌龟，乌龟，走走，

傍晚还在门口。"

乌龟生气了，说："兔子，兔子，你别神气活现的，咱们就来赛跑。"

"什么？什么？乌龟，你说什么？"

"咱们就来赛跑！"

兔子一听，差点笑破了肚子："乌龟，你真敢和我赛跑？那好，咱们从这儿起跑，看谁先跑到那边的山脚下的那棵大树下！预备——跑。"

兔子撒开腿就跑，跑得真快，一会儿就跑得很远了，他回过头来看，乌龟才爬了一小段路呢，心想：乌龟敢和兔子赛跑，真是天大的笑话，我呀，在这儿睡上一大觉，让他爬到这儿，不，让他爬到前面去吧，我三蹦两跳的，就追上他了。"啦啦啦，啦啦啦，胜利准是我的了！"

兔子把身子一歪，合上眼皮，真的睡着了。

再说乌龟，爬得也真慢，可是他一个劲儿爬、爬、爬。等他爬到兔子旁边，已经累坏了。兔子正在沉睡，乌龟能歇会儿再爬吗？不，他还是一个劲地爬、爬、爬。离那颗大树不远了，只差几十步了，十几步了，几步了……

这时候，兔子才醒过来，打了个哈欠说："乌龟怎么还没爬到这儿啊？"他往后一看，咦，乌龟不见了，再往前一看，哎呀，不得了！乌龟早就爬到前面去了。兔子急忙追上去，可是乌龟已经爬到那棵大树边了，乌龟胜利啦！

兔子跑得快，乌龟跑得慢，为什么这次赛跑，兔子输了，乌龟赢了呢？

活动四　龟兔赛跑（二）（音乐）

活动目标

1. 初步了解京歌拖长腔、过门、念白等特点，能用京剧的唱腔演唱歌曲。
2. 能根据京歌特点和音乐情节用动作进行表现。
3. 体验合作表演的乐趣，懂得坚持到底、骄傲必败的道理。

活动准备

物质准备：《龟兔赛跑》课件、图片。

经验准备：听过《龟兔赛跑》的故事，课前丰富京剧的相关知识。

活动过程

一、欣赏课件，导入活动。

1. 欣赏课件，唤起对《龟兔赛跑》的主要情节回忆。
2. 教师小结：坚持到底就能取得胜利，骄傲必败。

二、欣赏并学唱京歌，了解京歌特点，感受京歌唱腔。

1. 听教师清唱歌曲，幼儿欣赏，了解京歌特点。

教师：我刚才唱的这首歌和你们以前听过的歌曲有什么不一样？

（1）引出拖长腔，幼儿尝试练习。

（2）引出过门（每两句歌词前都有过门），引导幼儿加拉京胡动作表演。

（3）幼儿念出旁白内容，分析兔子的不同心理，结合图示做动作。

（4）小结：这是一首京歌，和我们听过的京剧差不多，有点儿像京剧，又有点像歌曲；有的地方有拖腔，有的地方有念白，有的地方有过门。

2. 再次欣赏京歌，尝试用京腔演唱。

（1）幼儿在教师的帮助下找出需要张大嘴巴演唱的地方，贴上标志。

（2）幼儿完整演唱歌曲，演唱时要注意字正腔圆。

（3）教师反馈幼儿的演唱情况，并强调京腔演唱时应注意的问题（咬字、动作、情绪等）。

三、分组演唱——体验合作表演的乐趣。

1. 幼儿根据音乐情节和京剧特点用动作进行表现。
2. 幼儿分成三组合作表演（拉过门、说念白、说歌词），教师引导幼儿大胆表现。

四、自然结束，幼儿圆场步离开活动场地。

活动建议

在美工区,提供京剧剧照,供幼儿欣赏;提供面具,供幼儿绘画京剧脸谱。

活动五　按差异个数摆放图形(数学)

活动目标

1. 在相邻的两个图形间,用短波浪线做标记表示差别的个数(一个差别画一条短波浪线)。
2. 能够按标记表示的差别数目摆放图形。
3. 对数学活动感兴趣,愿意参加分组操作活动。

活动准备

物质准备:

1. 教具:图形卡,差异标记卡,几何图形片若干,黑水彩笔。
2. 学具。

    第一、二组:材料纸若干,铅笔若干,操作卡片。

    第三、四组:材料纸若干,大小、形状、颜色不同的几何图形若干,操作卡片。

    第五、六组:范例6张,材料纸若干,铅笔若干,操作卡片。

经验准备:认识各种形状,有做记录的经验。

活动过程

一、集体活动。

1. 学习在相邻的两个图形中间画标记,表示它们差异的个数。

(1)观察图一,教师:图上有什么?它们有什么不同?

如果有一点不同就在它们中间画一条短波浪线,表示它们有一个地方不同,现在这两个图形中间应该画几条波浪线?

(2)幼儿讨论,教师操作。

(3)教师:这两条波浪线表示什么意思?

(4)教师带领幼儿分析后面各图形间的差异有几处,请个别幼儿用画波浪线表示。

2. 学习按差异标记选图形。

(1)观察图二,教师:上面有什么?它表示什么意思?

第一个是什么样的图形?它后面有什么标记?表示什么意思?

你能按标记选一个图形放在空位上吗?为什么选放这个图形?

（2）教师请幼儿依次按表示差异个数的标记选放后面的图形，并检查幼儿选放的图形是否正确。

二、小组活动。

1. 介绍小组游戏。

（1）游戏名称：看图形画短波浪线。（2组）

教师：小筐里有大小、形状、颜色不同的几何图形若干，请你试一试选出两张图片，并用短波浪线记录它们的不同。

（2）游戏名称：看差异标记选图形。（2组）

教师：这里有颜色、大小、形状不同的图形若干，请按照操作材料上的标记选择对应的图形贴在空格里。

（3）游戏名称：看图列式（8的加减）。（2组）

教师：请看图列出8的加法或减法。

2. 幼儿操作，教师巡回指导。

三、活动评价。

教师和幼儿一起分析评价小组活动中的练习。

第三周　活动一　学习6、7的加减（数学）

活动目标

1. 根据不同的画面进行讲述，并列出相应的算式，从而感知加法算式所表达的数量关系。
2. 能初步理解交换规律，懂得运用互换规律列出另一道算式。
3. 积极探索数学活动，乐于讲述探索结果。

活动准备

物质准备：

1. 教具：背景图一幅，活动动物卡片（小兔子7只），6、7的加减算式的分合式。
2. 学具。

　　第一、二组：6、7加法图片若干、材料纸、铅笔。

　　第三、四组：6、7减法图片若干、材料纸、铅笔。

　　第五、六组：整点、半点图片若干。

经验准备：已学会5的加减。

活动过程

一、复习6、7组成——6、7的碰球游戏。

二、学习6、7加减。

1. 学习加法算式。

（1）出示背景图，教师边操作边讲解：草地上先跳来了2只小兔子，又跳来了4只小兔子，现在，草地上一共有几只小兔子？

幼儿讨论、回答。

教师：你是用什么方法算出来的？

请幼儿口头说出算式。

（2）教师出示算式卡，全班幼儿齐声读算式。（2+4=6）

教师：如果草地上先跳来3只兔子，后跳来4只兔子，应该怎样说出算式？

（3）请一名幼儿说出相关的算式。（3+4=7）

（4）比较两道加法算式的异同。

2. 学习减法算式。

（1）教师再次出示背景图，操作并讲解：草地上的6只小兔子，有2只玩累了，先回家了，现在草地上有几只兔子？

教师：你是用什么方法算出来的？

请幼儿口头说出算式。

（2）教师出示算式卡，全班幼儿齐声读算式。（6-2=4）

教师：如果先跳走了3只兔子，还剩下几只兔子？

幼儿交流、讨论并回答。（6-3=3）

（3）比较两道减法算式的异同。

三、小组活动。

1. 介绍小组游戏。

（1）游戏名称：看图列6、7加法题（2组）。

教师：请你看图列算式，并把它记录下来。

（2）游戏名称：看图列6、7减法题（2组）。

教师：请你看图列算式，并把它记录下来。

（3）游戏名称：认识整点和半点并记录（2组）。

教师：请看图片上时钟的时间是整点还是半点？

2. 幼儿操作，教师巡回指导。

3. 出示一幅7的减法图，请幼儿列出横式。

四、活动评价。

教师和幼儿一起分析评价小组活动中的练习情况和注意事项。

活动二 健康歌（音乐）

活动目标

1. 感受歌曲的活泼、快乐，学会演唱歌曲，唱准歌曲中的休止符。
2. 能借助图片及教师的引导，根据歌词创编动作大胆表演。
3. 感受乐曲的欢快情绪，积极随乐舞蹈。

活动准备

物质准备：《健康歌》音乐；与歌词内容相关的图片。

经验准备：能分清左右。

活动过程

一、幼儿在《健康歌》的音乐伴奏下自由地跳舞。

教师：你喜欢这首歌吗？听着它，你想做什么？

二、学习歌曲。

1. 教师示范演唱歌曲，请幼儿仔细聆听歌曲的内容。

教师：歌里唱了什么？运动了哪些地方？

鼓励幼儿大胆表述，根据幼儿的表述，教师出示相关图片。

2. 幼儿再次聆听教师示范演唱，观察图片，记忆歌词内容。

3. 鼓励幼儿跟着教师按歌曲节奏朗诵歌词2—3遍，在休止符的地方用点头表示休止。

4. 幼儿和教师一起看图片，演唱歌曲，注意休止符的唱法。

5. 幼儿分组演唱，加深对歌词的理解。

三、幼儿和教师一起为歌曲创编动作。

1. 教师：你能够按照歌词中所提到的身体部位给这首歌创编动作吗？歌词中提到了哪些部位？你可以做什么动作来表示？

2. 幼儿自由讨论、尝试。

3. 请个别幼儿在集体前示范自己创编的动作，其他幼儿可跟随学习。

4. 幼儿跟随音乐一边唱歌一边跳自己创编的舞蹈，感受边唱边跳的快乐。

动作建议：动作根据歌词创编，符合节奏、美观即可。

活动建议

可以将此音乐放在艺术表演区或者小舞台中，供幼儿自由创编、表演。

活动三　金螃蟹王（语言）

活动目标

1. 理解故事内容，感受动物特有的动作、姿态。
2. 利用幼儿收集的资料分享、调动已有经验，尝试根据动物特点自编幽默故事。
3. 感受幽默故事的诙谐、有趣，对幽默故事感兴趣。

活动准备

物质准备：制作背景图和螃蟹手偶、幼儿自己收集的动物图片或视频。

经验准备：认识并了解螃蟹行走。

活动过程

一、导入活动，引起兴趣。

教师出示螃蟹手偶，教师：你知道这是谁吗？你知道螃蟹有什么特点吗？请你来模仿螃蟹，今天我们就来讲一个关于螃蟹的故事！

二、听教师分段讲述故事，幼儿理解故事内容。

1. 听教师有感情地讲述故事至"还是东西乱窜"。

教师：为什么小螃蟹们跑了一次又一次，还是东西乱窜？为什么它们不能像金螃蟹王说的那样一直往前跑呢？

2. 教师接下来讲述故事至"那就跑给你们看看吧"。

教师：你觉得金螃蟹王能够像他说的那样一直往前跑吗？为什么？

3. 教师讲述故事至结尾。

教师：金螃蟹王成功了吗？为什么没有成功？

三、教师在背景图下操作螃蟹手偶完整讲述故事。

1. 教师：你喜欢故事中的金螃蟹王吗？为什么？

你喜欢这个故事吗？

听了这个故事你有什么感觉？

2. 小结：作者利用螃蟹走路时的特殊姿势编了一个让人听了以后觉得很有趣、好笑的故事，这也叫幽默故事。

四、引导幼儿尝试自编幽默故事。

1. 教师请幼儿观看自己收集的动物图片或者观看视频，两两交流这些动物在捕食时、进餐时、休息时的行走、奔跑的特殊姿势和趣事。

2. 教师鼓励幼儿模仿动物具有代表性的特殊姿势和趣事。

3. 自编幽默故事。

五、分享、评价幼儿自编的幽默故事。

活动建议

1. 在语言区中，教师提供相关头饰，供幼儿表演《金螃蟹王》的故事。

2. 在美工区中，提供纸张，供幼儿将自己所编的幽默故事用连环画的形式表现出来。

附：故事

金螃蟹王

有一天，金螃蟹王准备散步。看见小螃蟹们正在锻炼身体，他们在街心赛跑。有的跑到左边，有的跑到右边，就说："嗨！孩子们，你们不要一会儿东，一会儿西地乱跑，要一直往前跑。"说完，就让小螃蟹们重新排队起跑。小螃蟹们跑了一次又一次，还是东西乱窜。

这时，小螃蟹们相互商量一阵，就请求金螃蟹王，说："您跑给我们看看吧！"金螃蟹王先是推辞不跑，但小螃蟹们一再要求，金螃蟹王只好答应。"嗯，好吧！那就跑给你们看吧？"

金螃蟹王稳住身体，摆好架势起跑了，谁想它刚跑了几步，同样跑到路边去了，"孩子们，这次不算，这次不算，再来再来。"金螃蟹王又跑了第二次、第三次，哪一次都想直着跑，可是每次都跑到路边上，还差一点摔到坑里去了。

小螃蟹们都悄悄笑了，金螃蟹王不好意思，就生气地吐着泡沫回家了。

活动四 动物的运动方式（科学）

活动目标

1. 从水里游、天上飞、地上跑三种不同的动物运动方式入手，观察动物的外形特征，推测动物的运动方式。

2. 通过调查、统计、讨论、汇总结论的方式，学习体验科学探究的方法。

3. 对动物的运动方式感兴趣。

活动准备

物质准备：经验调查表人手一份、水彩笔人手一支。

经验准备：活动前幼儿已经在家长的帮助下了解了各种动物的运动方式并将相关资料打印出来，带入幼儿园。

活动过程

一、教师将幼儿收集来的动物图片展示在黑板上，引起幼儿讨论的兴趣。

1. 教师：这两天我们已经在家和爸爸妈妈一起了解了各种各样的动物是怎样运动的，你都找到了哪些动物？

2. 教师将幼儿收集来的动物图片展示在黑板上，引导幼儿讨论。

3. 幼儿向同伴介绍自己带来的动物名字、居住地以及它们的运动方式。

教师：谁能向大家介绍一下你的动物朋友长什么样？居住在哪里？它们是怎么运动的呢？

二、幼儿填写调查表，用水里游、天上飞、地上跑三种不同的运动方式对动物进行归类。

1. 给动物朋友找家，看看它们的运动方式是什么？

2. 幼儿在集体面前分享自己的调查表。

3. 师生共同确认动物的正确运动方式，并请幼儿按水里游、天上飞、地上跑三种不同的运动方式归类摆放动物图片。

三、幼儿讨论哪些动物是飞行高手？哪些是游泳高手？哪些是奔跑的高手？

1. 教师：你知道哪些动物是飞行高手？哪些是游泳高手？哪些是奔跑高手？

2. 幼儿自由讨论。

3. 教师出示正确答案图片，并向幼儿介绍相关知识。

四、在教师的启发下，幼儿思考除了图片以外还有哪些动物是飞行高手？哪些是游泳高手？哪些是奔跑高手？

1. 教师：你知道还有哪些动物是飞行高手？哪些是游泳高手？哪些是奔跑高手？

2. 幼儿自由讨论。

3. 教师出示正确答案图片，并向幼儿介绍相关知识。

五、教师与幼儿共同总结结束活动。

活动建议

将幼儿收集的有关动物资料放置在益智区，供幼儿观察、探索和研究，鼓励幼儿多听、多看、多记有关动物的趣闻，丰富幼儿的知识经验。可以开展"动物的运动方式"知识抢答活动。

活动五　螃蟹过沙河（体育）

活动目标

1. 探索学习手脚着地横爬的基本动作。
2. 通过侧爬的动作练习，促进身体协调发展，灵活进行多种爬的姿势练习。
3. 遵守接力游戏的规则，体验合作带来的乐趣。

活动准备

物质准备：录音机、音乐磁带、桌子、垫子。

经验准备：会手脚着地爬。

活动过程

一、准备部分。

1. 教师带领幼儿一路纵队入场。

（1）围绕场地学小鱼游，双手并拢学小鱼尾巴，活动腕关节。

（2）进入场地中自由模仿不同动物的动作、姿态等进行热身。

2. 跟着教师在音乐声中做动物模仿操：上肢、体转、腹背、踢腿、下蹲、跳跃活动。

二、基本部分。

1. "小动物爱锻炼"自由探索尝试。

教师：小朋友们，哪些动物会跳？哪些动物会跑？哪些动物会飞？哪些动物会游泳？大家都来学学这些动物的本领。

幼儿分散在场地中，自由模仿不同动物的动作、运动。教师巡回观察、指导，提醒幼儿注意安全。

2. 小螃蟹学本领。

教师：八只脚，抬面鼓，两把叉叉向前舞，横行霸道挺着肚，嘴里常把泡泡吐。这个谜语说的是什么？请大家猜一猜。

3. 小螃蟹横着爬。

教师：小朋友们，你们知道小螃蟹是怎样爬的吗？请你来试一试，看谁爬的最像。

教师鼓励幼儿大胆尝试，请幼儿挑选出模仿得最像螃蟹爬的动作，进行学习体验。

幼儿集中在场地一侧四肢着地，当教师发出"开始"口令后，幼儿一起学螃蟹从场地一侧爬向场地另一侧。教师提示要保持手脚着地、双腿弯曲的姿态，横着爬行。

幼儿可以多次尝试，每次时间不要过长、距离不要过远。

4. 游戏：小螃蟹的运动会。

教师介绍游戏名称，演示游戏玩法。

幼儿分两组进行接力赛，先手脚着地横向爬钻过桌子，再从垫子上侧身滚过去，最后返回目的地，依次接力。教师应及时调整个别幼儿动作及速度。

三、结束部分。

1. 教师带领幼儿在舒缓的音乐声中学水中的小鱼游泳，放松手腕、双脚、腰腹等身体部位。

2. 集中幼儿进行活动总结，收拾场地后带幼儿离开操场。

第四周　活动一　全能运动员（体育）

活动目标

1. 掌握用椅子进行锻炼的各种方法，进行身体各部位、不同动作的锻炼。
2. 熟悉运动会的流程，在运动中能够注意安全，保护自己。
3. 遵守游戏规则，感受运动中的挑战与快乐。

活动准备

物质准备：幼儿每人一张有靠背的椅子、音乐。

经验准备：观看过运动会，了解各种运动项目。

活动过程

一、开始部分。

1. 场地上分散摆放许多小椅子。教师带领幼儿从场外一路纵队小跑进入场地。

（1）围着场地周围交替进行慢跑、中速跑。

（2）幼儿进入场地自由绕着椅子进行变换方向慢跑。

2. 每个幼儿一张椅子呈早操队形跟随教师做准备操。

（1）坐在椅子上叉腰做头部曲、旋转运动。

（2）站立在椅前进行扩胸运动。

（3）双手扶椅背弓腰转腰。

（4）交替单手扶椅做左右腿踢腿运动。

（5）双手扶椅背做下蹲运动。

（6）坐在椅上，做抬腿踏步运动。

（7）双手撑住椅子面。

（8）登上椅子跳下反复多次。

二、基本部分。

1. 幼儿自由探索椅子的玩法。

教师：今天我们用椅子来锻炼，看谁想出的方法好。

2. 幼儿自由探索，教师观察指导，提醒幼儿注意安全。

3. 请个别幼儿展示有价值的玩法，教师讲解。

4. 全体幼儿模仿个别幼儿展示的锻炼方法。

5. 争当运动员。

（1）举重运动员：双手握椅子平举胸前，由内至外水平推出。

（2）体操运动员：幼儿四人一组将椅子排成一排，进行走平衡锻炼。

（3）跳水运动员：幼儿站立在椅子上练习从上向下跳。

6. 幼儿集体进行三项全能竞赛，教师做裁判。

（1）看谁举的次数多。

规则：全体幼儿两手握椅子，教师发令后，幼儿将椅子不断进行上举下举。

（2）看谁趴的时间长。

规则：幼儿横向俯卧在椅子上，教师发令后，幼儿伸直双臂和双腿，看谁平衡的时间最长。

（3）看谁蹲站次数多。

规则：幼儿站在自己的椅子后面，双手扶椅背，教师发令后，幼儿双手扶椅背进行连续下蹲站起比赛，看谁坚持的次数多。

三、结束部分。

1. 幼儿将椅子围成一个大圆，教师站在圆心。

（1）幼儿坐在椅子上，在舒缓的音乐声中跟随教师做双手拍脖子、胸部、腹部、大腿、小腿、左右手互拍手臂等动作。

（2）幼儿起身进入场地中，互相结伴轻松地进行捶背、捶腰等放松活动。

2. 教师进行活动总结，幼儿带上自己的椅子跟随教师退场。

活动二　运动员进行曲（音乐）

活动目标

1. 感受进行曲雄壮有力的风格。
2. 用动作表现熟悉的运动项目，发展音乐听觉、音乐想象及音乐表现的能力。
3. 激发幼儿喜爱运动的情感。

活动准备

物质准备：各种运动项目运动员的照片或图片。

经验准备：观看过运动会，了解各种运动项目。

活动过程

一、在《运动员进行曲》声中幼儿迈着有力的步伐绕教室一圈坐下。

二、感受和理解乐曲的性质。

1. 教师：刚才，你们听着音乐迈入教室，这段音乐熟悉吗？什么时候听到的？
2. 幼儿自由讨论。
3. 教师：听了这首乐曲你有什么感觉？你想干什么？怎样走才最像运动员？
4. 幼儿边听音乐边有精神地在教室中行走。
5. 教师：《运动员进行曲》是运动员的音乐，你认识哪些运动员？（边听音乐边回忆，幼儿讲出，教师出示有关的照片或图片）

你们喜欢哪些运动项目？（边听音乐边讨论，教师根据幼儿说出的项目，出示有关的照片或图片）

6. 边听音乐，边把熟悉的运动项目表现出来。（足球、篮球、游泳、射击、体操等）

三、听辨乐曲的曲式变化。

1. 听乐曲，引导幼儿听出乐曲三段的变化。
2. 听乐曲，引导幼儿想象每一段表现什么？（如 A 段表现了运动员入场；B 段表现了运动员在比赛；C 段表现了运动员夺冠获奖了）
3. 听音乐，根据自己的想象用动作表现。

四、完整欣赏音乐，感受《运动员进行曲》雄壮有力的音乐性质。

五、在《运动员进行曲》的伴奏下，幼儿迈着有力的步伐走出教室。

活动建议

1. 可以在活动区中提供鼓、锣、铃等乐器，让幼儿为《运动员进行曲》配乐伴奏。
2. 收集各种运动会开幕式运动员入场的照片展示在教室中，供幼儿欣赏。

活动三　运动员在比赛（美术）

活动目标

1. 能用绘画的方式表现出自己喜欢的体育项目的运动特点及服饰特征。
2. 尝试表现不同动作难度的运动。
3. 感受运动员勇于挑战自我、超越自我、坚韧不拔的精神。

活动准备

物质准备：运动员比赛时精彩瞬间的图片资料；各种体育项目服饰图片；教学挂图《体育冠军》；各种画笔、画纸等绘画工具和材料。

经验准备：看过运动会，了解各种运动项目。

活动过程

一、观察图片资料导入活动，引发幼儿讨论的兴趣。

教师：你看过运动员比赛吗？你最喜欢看什么体育比赛？你知道哪个项目的世界冠军？他（她）叫什么名字？

二、观察图片，引导幼儿观察运动员比赛时的精彩瞬间，欣赏运动员运动时的健美姿态和服饰特点。

1. 欣赏跳水比赛图片。

教师：这是什么比赛项目？跳水运动员穿的是什么样的运动服？运动员正在做什么动作？你觉得这样的姿态好看吗？为什么？看到这样的情景你有什么感觉？请你来模仿模仿。

幼儿模仿跳水动作。

教师：你觉得这个动作好做吗？这样难的动作为什么运动员能做到呢？你知道他们是怎样训练的吗？训练非常辛苦为什么运动员还能坚持？

2. 欣赏跨栏运动比赛图片。

教师：你知道他是谁吗？是什么项目的运动员？他在跨栏比赛时身体是怎样的姿态？面部表情如何？为什么是这样的表情？

三、讨论如何用绘画的方式表现出自己喜欢的运动员在比赛的场景。

1. 教师：运动员比赛非常激烈，我们把这样的场景画下来吧，你觉得应该怎样画？

2. 教师指导幼儿学习重难点：注意观察人物头部和四肢躯干的位置，表现出运动员运动时的动态特点和面部表情。

四、幼儿绘画，教师巡回指导。

五、展示、评价。

展示作品，分享绘画乐趣，猜猜同伴作品中画的是什么。

活动四　贴贴花（数学）

活动目标

1. 学习用数字、符号等记录自己和同伴左右袖子上所贴贴花的数量。

2. 能区别左右关系，发现以自身为中心的左右和以客体为中心的左右的不同。

3. 乐于积极思考并发表自己的想法及意见。

活动准备

物质准备：自备铃鼓 1 个；幼儿人手 1 张记录单、1 支笔；按两人一小组自备贴花 20—30 个；幼儿座位按 2 人一组面对面排好。

经验准备：知道以自身为中心的左右。

活动过程

一、观察游戏材料，了解游戏内容。

1. 引导幼儿观察手中的贴花是什么样的。

2. 教师：今天，请大家来玩游戏"听铃声贴贴花"。

二、交代游戏规则与要求，玩"贴贴花"游戏。

1. 教师：请大家听铃声在规定的时间里将贴花分别贴在两只袖子上，铃响时开始贴，铃声停止时大家停止。

2. 教师请幼儿做好准备，铃声响起，幼儿游戏。

3. 教师边敲铃鼓边提醒幼儿两边的袖子上都要贴上贴花。

三、学习用数字、符号等记录所贴贴花的数量。

1. 请幼儿互相交流自己左右袖子上各贴了几个贴花（提醒幼儿贴好的贴花不要拿下来）。

2. 教师出示记录表，提出记录要求。

教师：先想办法记清楚自己左右袖子上各贴了几个贴花，再记清楚同伴的左右袖子上各贴了几个贴花。

3. 幼儿进行记录。

教师观察幼儿记录的情况，提醒幼儿所做的记录要让别人一看就明白自己与同伴的左、右袖子上贴花的数量。

4. 展示交流，验证记录。

5. 教师可以引导幼儿观察某一记录单，请大家根据这一记录单上的符号、数字等，猜测该名幼儿所记录的自己及同伴左右袖子上贴的贴花数量，从而引导幼儿学习同伴不同的记录方式和解决问题的策略。

6. 教师请个别幼儿和同伴站在集体面前，师幼共同验证其记录是否正确，通过现场站位、对应举手、现场转身等方法，引导幼儿发现以其自身为中心和以同伴为中心的左右是不同的。

7. 比一比，谁贴的贴花多。

活动建议

请幼儿继续根据自己的记录单，算算自己左右袖子上所贴贴花的数量，并和同伴比较，看看谁多谁少，多几个少几个，鼓励幼儿运用组成或加减的数学经验解决问题，计算答案。

活动五　民族运动夺冠赛（综合）

活动目标

1. 了解各民族的运动项目以及运动规则。
2. 能用流畅的语言和同伴一起介绍相关项目及规则。
3. 对各个民族的运动感兴趣，愿意参与活动。

活动准备

物质准备：民族运动视频；民族服装、运动鞋。

经验准备：幼儿在活动前已经根据自己的兴趣分组选择了最想了解的民族运动服饰、项目及其规则。

活动过程

一、幼儿分组装扮成各自喜欢的民族娃娃。

1. 教师：你喜欢运动吗？你知道你是哪个民族的？除了汉族你还知道哪个民族？他们最喜欢什么运动项目？

2. 分组装扮。幼儿使用已有的民族服装或者各种半成品材料分组装扮。

教师：你们知道这些民族的人们都穿什么样子的衣服吗？

小组中的幼儿相互协作，互相装扮。

二、幼儿分组介绍所装扮的民族名称、服饰特点、运动项目以及运动规则。

1. 幼儿分组介绍（踢毽子、划旱船、跳竹竿、顶瓦罐等）。
2. 播放相关视频。
3. 幼儿分组演示运动项目及规则。

三、师生共同布置活动场地，设置终点和起点线以及其他比赛区域。

四、主持人宣布运动员入场后，幼儿排成两队进场。

五、主持人宣布比赛开始，幼儿运动项目有序进行。

六、主持人宣布颁奖典礼开始，幼儿有序上台领奖。

七、活动结束，教师和幼儿共同收拾活动场地。

活动建议

教师与幼儿共同收集各个民族具有代表性的运动项目的图片、视频资料展示在活动室中，供幼儿自主阅读、学习。

主题活动四
我发现的科技产品

主题活动四
我发现的科技产品

主题意图

我们生活在一个日新月异的科技时代，日常生活中处处都需要科技产品来提升我们的生活质量，人们在享受现代科技带来好处的同时，也希望有更先进的产品出现，更加方便我们的生活。

幼儿进入大班下学期后，对科学活动的兴趣更加浓厚，他们不但爱问"为什么"，更希望通过自己的操作与主动探索去了解"为什么"。为此，我们设计了此主题活动，从与我们的生活息息相关的科技产品入手，鼓励孩子用自己的眼睛和心灵去关注身边的科技产品，了解生活中常见的"人造"物品及其用处，初步了解科学技术在生活中的应用。也希望通过此主题，能让幼儿养成善观察、勤思考的学习习惯。

在主题活动"我发现的科技产品"中，幼儿从设计调查表格入手，通过不同的方法和途径进行调查比较，从不同的角度去设计调查表格，学会不同的分类方法，了解与我们生活息息相关的各种各样的科技产品，并尝试使用一些常见的科技产品，从而激发幼儿对科学活动的兴趣和探究欲望。

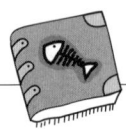

主题目标

健康：

1. 积极参加体育锻炼活动，活动中热时知道脱外套、擦汗、休息。
2. 尝试健康的护眼行为，在家长的督促下，愿意和同伴共同实施护眼计划。
3. 了解一些常见的家用电器的名称及功能，学习安全使用部分家用电器。
4. 熟练使用各种简单的工具，有效地完成任务。
5. 了解基本的防火知识，学习简单的自救方法。

语言：

1. 收集各种发明家的资料，了解发明家的小故事，并能复述一个短小的故事，积极参加班级举办的"发明家故事分享会"活动。

2. 进一步阅读绘本《小小发明家》，在"变废为宝"的想象与创作中，感受发明的奇妙，激发好奇心。

3. 在产品展销会活动中，能和同伴一起设计广告语及宣传语，并能迁移经验，运用到宣传活动中去。

4. 能用清晰完整的句子表达自己探索、发现的过程和结果。

5. 认真倾听别人的观点，理解其中的意思，不懂时能够主动提问。

社会：

1. 学习运用调查表进行相关问题的调查。调查时，能使用礼貌的语言与陌生人交流。

2. 在用废旧材料制作科技产品的过程中，能与同伴分工合作，克服困难，共同完成任务。

3. 在产品展销会活动中，能运用大家设计的广告语和宣传语，热情主动地向客人介绍自制的科技产品。

4. 尊敬长辈，爱护弟弟妹妹，尊重生活中为我们服务的人，珍惜他们的劳动成果。

科学：

1. 喜欢参与一些常见家用电器的使用活动，初步了解它们的功能和安全使用方法。

2. 了解一些著名的发明家及他们对人类科技进步所产生的巨大作用。

3. 尝试运用工具和多种材料进行制作活动，发现物品和材料的多种特征和功能，有一定的创造性。

4. 运用多种感官、动手动脑、探究问题，并能用适当的方法表达交流探索的过程和结果。对自己感兴趣的问题总是刨根问底，经常动手动脑寻求问题的答案。

5. 初步了解人们的生活与自然环境的密切关系，知道珍惜生命，保护环境。

艺术：

1. 喜欢欣赏不同形式的音乐作品，能用表情、语言、动作表达自己的感受和理解，愿意和别人分享、交流自己的体验。

2. 积极参加利用废旧材料制作立体造型表现自己常见的科技产品的手工活动，有良好的使用和归类收拾材料的操作习惯。

3. 利用小组合作的方式，采用裁剪、挖空、粘贴、拼搭等多种技能，创造性地表现生活中常见的科技产品。

4. 乐意用自己创作的艺术作品布置环境，美化生活。

5. 乐于收集美的事物，和同伴分享、交流自己对美的事物的感受和体验。

主题网络图

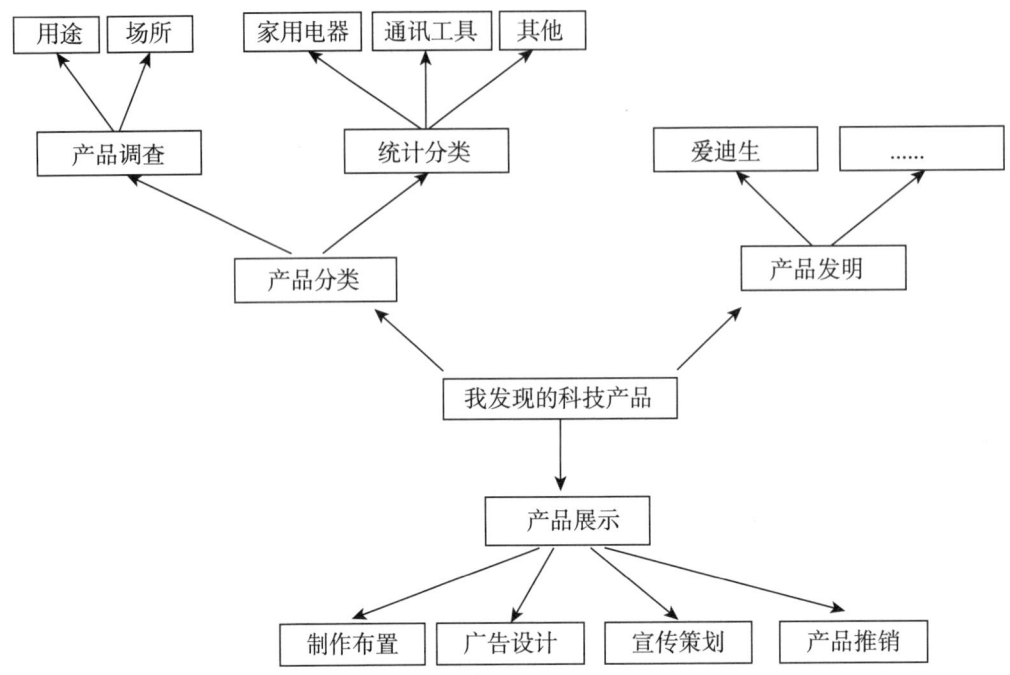

环境创设

1. 教师与幼儿一同为班级区域布置各种电器产品、图片、商标等为"科技产品会"做准备。
2. 幼儿与家长一同利用废旧材料制作小电器展示在美工区。
3. 为自己设计的小电器制作广告，布置在班级区域中。

三方互动

教师——带领幼儿到社区和商场开展调查活动，寻找身边的科技产品并记录，活动中注意以孩子的观察为主；和幼儿一起收集各种产品的图片、商标等材料，在班级内设置"科技产品展览会"；为美工角增添废旧材料（盒、瓶等），让幼儿进行有关科技产品的主题造型活动；

在游戏区域设置"电器大卖场"、"汽车城"、"手机专柜"等角色游戏区。

幼儿——在家长和教师的帮助下,积极开展家用电器的调查活动,尝试按照自己的分类方式设计表格、开展调查,并用自己的方式记录调查结果。利用废旧材料设计制作科技产品,和父母一起尝试用身体造型表现所感兴趣的科技产品。

家长——引导幼儿观察家中的电器设备,介绍其功用及简单的使用方法,并进行安全教育;和幼儿一起收集有关科技产品及著名科学家的图片、录像等资料,协助幼儿园办好展览会;和孩子一起收看"超级变变变"等电视节目,并尝试一人或多人组合用身体造型来表现所感兴趣的科技产品。

特色活动

	活动	活动准备	指导要点	参与人员
健康大活动	参观南京科技馆	事先联系好南京科技馆,确定好相关参观事宜,由家长填写外出安全事宜合约,以保证外出活动的安全	1.通过参观活动,认识一些现代科技产品,对科技产品感兴趣; 2.遵守参观的规则,做文明的参观者	全年级幼儿以及家长
安全教育活动	火场逃生	班级逃生路线图、湿毛巾、灭火器、火盆	了解发生火灾时如何从室内快速、有序地撤离到安全的地方	全年级组幼儿
户外活动	我的小发明	1.在户外进行; 2.大小不同的纸箱、纸盒、双面胶、水粉颜料、剪刀等废旧、半成品材料、工具	借助各种纸箱、盒子等废旧、半成品材料,创造性地合作设计、制作自己心目中的小发明、小创造,感受大胆创意的快乐	全年级组幼儿
户外活动	户外玩水	小桶、小壶、瓶子、水枪等各种玩水工具	在玩水的过程中发现水的各种特性,提醒幼儿不把水弄到自己以及别人的身上	全年级组幼儿

续表

	活动	活动准备	指导要点	参与人员
语言活动	小小发明家	绘本《小小发明家》或PPT	1．在看看、猜猜、说说、听听中了解故事内容，并能完整讲述； 2．在"变废为宝"的想象与创作中，感受发明的奇妙，激发好奇心	全年级组幼儿
	宇宙空间站的一天	绘本《宇宙空间站的一天》或PPT	1．了解绘本内容，对绘本的内容感兴趣； 2．感受现代科技的发展，激发好奇心	全年级组幼儿
	情境认知绘本	绘本《情境认知绘本》系列或PPT	1．通过对系列绘本中不同内容的阅读，了解绘本中所表达的含义； 2．感受现代科技给人们生活带来的影响	全年级组幼儿
音乐活动	在科技馆里	乐谱	喜欢歌唱活动，能用表情、语言、动作表达自己的感受和理解，愿意和别人分享、交流自己的体验	全年级组幼儿
	威尼斯时钟舞	音乐	在欣赏、熟悉音乐和部分动作的基础上，学习回旋结构的圆圈舞蹈	全年级组幼儿
	小老鼠打电话	乐谱	初步学会边唱歌边做游戏动作，按节奏说出打电话的对话	全年级组幼儿

区域活动

	活动与指导要点	幼儿发展目标	材料与层次
建构区	活动：搭建科技产品 指导要点：运用架空、对称、围合等技能搭建	能根据科技产品的外形特征，运用多种建构技能，表现科技产品	材料：各类积木、辅助材料、大纸盒、图纸等 层次一：能够运用架空、对称、围合等技能搭出简单的科技产品； 层次二：能够与组内同伴按照已有的图纸进行搭建； 层次三：分小组合作设计科技产品造型图，并按图纸搭建

续表

	活动与指导要点	幼儿发展目标	材料与层次
生活区	健康小书：《夹夹乐》 指导要点：巩固并练习正确使用筷子的方法	能熟练地运用筷子夹取各类材料	材料：夹夹乐示意图、筷子两双，两筐材料（玻璃球、小胶粒玩具、花生、芸豆等） 层次一：能在教师帮助下按正确的步骤使用筷子，并从材料筐里夹出花生； 层次二：能够正确地使用筷子将筐中的各类物品夹出； 层次三：能迁移分类的经验正确地使用筷子把材料筐中的材料分类夹出来
	生活体验区：哔哔啵啵爆米花 指导要点：尝试在教师帮助下用微波炉制作爆米花	1. 知道微波炉的正确使用方法； 2. 学会选择制作爆米花所需要的时间设置	材料：超市购买的爆米花操作包，微波炉、爆米花制作示意图、食物用小盘子等 层次一：看懂爆米花制作示意图，知道操作步骤； 层次二：看示意图，在教师帮助下制作爆米花，并分装请大家品尝； 层次三：独自看示意图制作爆米花，并分装请大家品尝
	生活体验区：有营养的果汁 指导要点：了解果汁机的安全使用方法	初步了解果汁机的工作原理，在教师帮助下，学习安全使用果汁机	材料：果汁机，橙子、西瓜等多汁水果 层次一：初步了解果汁机的工作原理，知道如何正确操作果汁机； 层次二：和教师一起学习正确使用果汁机的方法，并能与同伴分享品尝果汁； 层次三：在教师的协助下，尝试用正确的方法使用果汁机，若有困难或者疑问时能够主动寻求教师的帮助
	生活体验区：淘米煮饭 指导要点：感受电饭煲的方便快捷	了解电饭煲的工作过程，知道安全使用电饭煲的基本方法	材料：电饭煲、淘米篮、米 层次一：看教师用电饭煲做饭，初步了解电饭煲工作原理； 层次二：在教师指导下学习使用电饭煲； 层次三：尝试独立淘米，使用电饭煲做饭

续表

	活动与指导要点	幼儿发展目标	材料与层次
美工区	制作：手机 指导要点：能够选择合适的材料，有序操作	能根据自己的需要选择适合制作手机的材料，运用粘贴、造型、装饰等技能制作手机模型	材料：各类废旧纸盒、瓶、双面胶、透明胶、纸、笔、剪刀等 层次一：在教师帮助下，选择合适的材料并制作手机模型； 层次二：独立选择材料并制作； 层次三：尝试和同伴合作商量、制作手机模型
	"我的手机"广告设计 指导要点：突出自己设计的手机的外形以及功能、作用等	迁移经验为自己制作的手机产品设计广告	材料：收集各种广告画等 层次一：收集各种广告画，并欣赏； 层次二：在教师的帮助下尝试设计手机广告画； 层次三：和小组同伴一起，分工合作设计制作手机广告画
益智区	电珠实验 指导要点：观看视频了解摩擦起电的现象	1. 初步了解玻璃棒摩擦起电的现象； 2. 感受实验、探索的乐趣	材料：玻璃棒若干、各种细小物体（头发、纸片等） 层次一：在教师指导下尝试摩擦起电的小实验； 层次二：初步了解玻璃棒摩擦起电的现象； 层次三：主动探究静电吸物，并尝试把物体按是否吸住为特征进行分类
	手电筒配对 指导要点：认清正负极	1. 分清电池的正负极，并正确安装电池，使手电筒亮起来； 2. 在多个手电筒中进行电池匹配及安装	材料：各种不同类型的手电筒及与之相匹配的电池 层次一：选择常见的大号手电筒及匹配的电池，能区分电池正负极，并安装，使手电筒亮起来； 层次二：在三种手电筒中进行电池匹配及安装，使手电筒亮起来； 层次三：在多个手电筒中进行电池匹配并安装，使手电筒亮起来

续表

	活动与指导要点	幼儿发展目标	材料与层次
益智区	活动：电子积木 指导要点：能够大胆尝试、探索，并且尝试用自己的方法进行记录	组装电子积木，探索让灯珠通电亮起来、让风扇转起来的方法，并尝试记录下来	材料：电子积木套装材料 层次一：认识各种材料的名称，并且知道其用法； 层次二：尝试用电子积木材料让灯珠通电亮起来、让风扇转起来； 层次三：能够大胆尝试、探索，并且尝试用自己的方法进行记录
	活动：弹簧玩具 指导要点：感知弹簧的弹性，自制毛根弹簧玩具	发现弹簧的特性，尝试使用材料自制弹簧玩具	材料：弹簧、毛根若干 层次一：对弹簧感兴趣，感知弹簧的特性； 层次二：在教师的帮助下，尝试使用毛根制作弹簧玩具； 层次三：寻找其它材料尝试制作弹簧玩具
	活动：下棋 指导要点：按骰子的总数移动棋子，进行加法运算	1．能够将两个骰子的数相加获得总数； 2．能够按照得数在棋纸中前进相应的步数	材料：棋纸、棋子、两个骰子 层次一：在提示下能够进行两个数的加法； 层次二：能够按照两数相加的结果前进相应的步数； 层次三：熟练地进行两个数的加法，并且按照游戏规则游戏
	活动：我会等分 指导要点：根据不同材料的特性，尝试对材料进行等分	1．了解不同材料的特性； 2．能够根据不同材料的特性，尝试对材料进行等分	材料：水、沙、绳、纸等可以用来等分的物体 层次一：了解不同物体不同的特性； 层次二：能够在教师的提示下按照不同物体的特性尝试等分； 层次三：能够自主地将不同的物体按其特性进行等分

续表

	活动与指导要点	幼儿发展目标	材料与层次
探究区	活动：电动汽车跑起来 指导要点：根据逐级提供的电池盒，匹配电池型号	能够根据所提供的不同的电池盒，分清型号，分清电池的正负极，学习正确安装电池	材料：不同型号的电池盒以及不同型号的电池 层次一：在教师的帮助下区分不同的电池盒以及电池； 层次二：能够独立区分不同的电池盒以及电池； 层次三：独立分清电池盒以及电池的正负极，并正确安装电池
	活动：挖水渠 指导要点：掌握用铲子等工具挖水渠的技能	能选择合适的工具来挖水渠	材料：玩沙玩具、胶鞋等 层次一：能在教师的帮助下选择合适工具挖水渠； 层次二：能按照自己的想法选择合适工具挖水渠； 层次三：能与同伴商量选择合适工具挖水渠
阅读区	活动：绘本阅读《小小发明家》 指导要点：在看看、猜猜、说说过程中巩固故事情节	能观察绘本中人物表情，理解故事情节。喜爱阅读绘本	材料：绘本《小小发明家》 层次一：在看看、猜猜、说说中了解故事内容，并能完整讲述； 层次二：能够与同伴分享阅读绘本的心得，表达自己的想法
	活动：故事分享会 指导要点：学习发明家的坚持不懈精神	能用清晰连贯的语言讲述故事	材料：各自收集的发明家小故事图片和图书 层次一：能一边看图片一边讲述故事； 层次二：参加故事分享会，在集体面前大胆地讲述故事，有动作和表情； 层次三：能够就自己所讲述的故事，将自己的想法与同伴进行交流、分享

续表

	活动与指导要点	幼儿发展目标	材料与层次
扮演区	活动：身体造型——科技产品 指导要点：用安全、逼真的动作表现	能独立或多人小组合作的方式用身体造型表现自己感兴趣的科技产品	材料：道具、服装、音乐、播放器等 层次一：在成人帮助下分小组进行合作造型创作； 层次二：独立用身体造型表现科技产品； 层次三：能分组合作身体造型创作

集体教学活动

第一周	第二周
1．我发现的科技产品（综合）	1．现代通信工具（科学）
2．我的调查表——统计表格（综合）	2．iPad 要少玩（健康）
3．聪明的孩子——爱迪生（语言）	3．小老鼠打电话（音乐）
4．写生相机（美术）	4．小熊写信（语言）
5．学习二等分（数学）	5．学习8、9的加减（数学）
第三周	第四周
1．有用的家用电器（综合）	1．小小发明家（一）（语言）
2．神奇的电池（科学）	2．小小发明家（二）（美术）
3．威尼斯音乐钟（音乐）	3．时钟舞（音乐）
4．安全用电（健康）	4．哪块地最大（数学）
5．声音是怎样录下来的（科学）	5．科技博览会开幕了（综合）

第一周　活动一　我发现的科技产品（综合）

活动目标

1. 了解身边的各种科技产品的名称、作用，感受科技产品给人类生活带来的便利。
2. 通过分享、讨论，会用清晰完整的句子表达自己的想法。
3. 能够与同伴分享自己的调查结果，感受人类科技的进步。

活动准备

物质准备：收集幼儿做好的调查表、"各种各样的科技产品"视频资料。

经验准备：已经在家长的帮助下填写过经验调查表。

活动过程

一、展示前期调查表，进行简单的讲述活动。

1. 根据调查表讨论自己发现的科技产品。

教师：前两天我们和爸爸妈妈一起完成了一张"我们身边的科技产品"的调查表，你和爸爸妈妈找到了哪些科技产品？它叫什么名字？是什么样子的？你是在哪里发现的？请你和你身边的好朋友说一说。

2. 幼儿与同伴讨论、分享自己的调查表，教师观察、指导。

3. 集体讨论、分享。

二、讨论常见科技产品的功能作用。

1. 教师：你知道这些科技产品分别有什么作用吗？它能给我们的生活带来哪些方便呢？

2. 幼儿与教师共同讨论。

三、教师与幼儿共同观看视频"各种各样的科技产品"。

1. 播放视频，引导幼儿关注新的科技产品带给人们的便利。

2. 教师：刚才我们看到的科技产品是什么？它有什么作用？它能给我们的生活带来哪些便利？如果没有它们，我们的生活会怎样？

3. 幼儿与教师共同讨论。

四、总结、评价。

教师与幼儿共同总结：随着时代的变化，我们的生活中也逐渐出现了新的、各种各样的科技产品，它们给我们的生活带来了许多变化，有的让我们的生活更加方便了，比如手机、微波炉、空调等等；有的让我们的生活更加有趣，比如相机、iPad等等。

活动二　我的调查表——统计表格（综合）

活动目标

1. 知道表格在分类记录中的重要意义。
2. 尝试在分类的基础上设计多种调查表格，并能将自己的调查结果填在对应的调查表格里。
3. 能专注地完成调查表，在和同伴的交流中体验成就感与分享的快乐。

活动准备

物质准备：多种表格的 PPT 图片；自制大的空表格。

经验准备：前一天已经讨论过科技产品调查表；有过按一定标准分类的经验。

活动过程

一、回忆讨论过的调查表，讨论分类的标准。

1. 回忆昨天讨论的调查表。

教师：昨天我们讨论了关于科技产品的调查表，我们都找到了哪些科技产品？

2. 讨论分类标准。

教师：如果我们要给这些科技产品进行分类，可以怎么分呢？可以分成哪几类？

3. 教师和幼儿共同讨论出分类标准（如用途、场所、是否用电）。

二、设计、制作表格。

教师出示幼儿调查表，引导幼儿观察讨论，讨论如何使记录更加清晰的方法。

教师：这是小朋友分类记录的调查表，你们觉得还可以怎样改进，可以看的更清楚？

三、观察多种表格的 PPT 图片，引导幼儿观察，学习制作表格。

1. 出示 2—3 份表格，幼儿观察，讨论并了解表格的格式包括分类标准、内容，以及内容要填写在相应的空格里。

2. 出示大的空表格，学习填写表格，内容可以用绘画、文字等方式填写。

教师：如何让别人一看就明白记录的科技产品是什么用途？我们按照这张调查表的内容，把它填到表格里去。

四、幼儿设计表格。

1. 按其中一个特征设计调查表，并用绘画的形式设计表格中的标记。
2. 展示幼儿设计的调查表，相互交流自己的表格、标记的意思。

五、根据表格内容进行统计。

活动建议

1. 把幼儿制作的表格布置在科学角，供幼儿进一步欣赏学习。
2. 在主题区展示幼儿探索表格过程的过程记录，如表格的来历。

附：
表格一（按场所）

马路	家电商场	家	幼儿园

表格二（按用途）

通信工具	交通工具	家用电器	其他

表格三（按是否需要电）

需要电	不需要电

活动三 聪明的孩子——爱迪生（语言）

活动目标

1. 知道爱迪生是一位世界著名的科学家，他善于动脑，发明了电灯。
2. 能通过表现、表演等方法，丰富词汇（亮堂堂、盏、焦急等）。
3. 激发幼儿向爱迪生学习的愿望，遇到困难愿意积极动脑筋想办法。

活动准备

物质准备：爱迪生的照片，故事配套图片。

经验准备：上网收集了著名发明家的图片和故事。

活动过程

一、问题导入，引发幼儿学习兴趣。

教师：我们的日常生活离不开灯。晚上，灯可以给我们带来光明，电灯可以说是我们日常生活中离不开的科技产品之一。

很久很久以前，灯还没有发明之前，你能想象人们到了晚上是怎样生活的吗？那么你们知道电灯是谁发明的吗？他的名字叫什么？

二、观看爱迪生的照片，听人物介绍及他的发明。

教师：电灯是美国的一位著名的发明家爱迪生发明的。爱迪生是一名天才，他拥有2000项发明，其中最著名的有：留声机、电灯、电力系统和有声电影，丰富和改善了人类的文明生活。

三、结合故事图片，讲述故事"聪明的孩子——爱迪生"的前半段，当讲到医生说一盏灯不能做手术时，请幼儿和爱迪生一起想办法。

教师：这种情况该怎么办呢？请你帮助爱迪生想想办法，有什么好办法？

四、幼儿讨论猜测后，教师继续讲故事后半段。

五、讨论：爱迪生是一个什么样的孩子？

教师：你觉得爱迪生是个怎样的孩子？

小结：爱迪生从小就是一个爱动脑筋的孩子，遇事会主动想办法，所以，他一生有很多伟大的发明，我们要向他学习。

六、结合图片，完整地讲述故事一遍。

七、运用表演等方法，表现、学习并理解词汇"亮堂堂、盏、焦急"等。

八、拓展讨论：你在生活中遇到过让人焦急的事情吗？你想了什么办法解决困难的？

小结：我们遇事时要多动脑筋，主动想办法。

活动建议

1. 建议在丰富、理解词汇的环节可以借鉴戏剧游戏用魔法照片的方式表现焦急，用史诗剧的形式表现亮堂堂等词，帮助幼儿理解词汇。

2. 在理解故事过程中可以运用多种戏剧策略，帮助幼儿理解故事内容，表达自己的感受。

附：故事

聪明的孩子

一天晚上，爱迪生的妈妈，得了急性阑尾炎，痛得豆大的汗珠直往下淌，医生决定马上动手做手术。

当时还没有发明电灯,爱迪生家只有一盏煤油灯。昏暗的光线,怎么能动手术呢?爸爸和医生都焦急得不知道怎样才好。爱迪生想:有什么办法能使屋子里更亮些呢?他想啊想啊,忽然想起了和小伙伴们,在阳光下用破镜子照着玩,能反射出更亮的光来,就高兴地跳起来,对医生说:"叔叔,你快做动手术的准备吧,我有办法了!"说完飞快地跑到邻居小吉米家,向吉米爸爸借来了他店铺里的煤油灯和四面大穿衣镜。一盏煤油灯,灯光借助镜子的反光,一下子就把屋子照得亮堂堂的。"啊,这个办法真好!你真聪明。"医生连声夸奖爱迪生。他在明亮的屋子里给爱迪生的妈妈顺利地做完了手术。

后来,爱迪生长大了,成了有名的科学家,我们现在用的电灯就是他发明的。

活动四 写生相机(美术)

活动目标

1. 观察单反相机的主要外形特征,用写生画的方式表现单反相机。
2. 能从整体到细节有序观察,尝试用线条把看到的相机画下来。
3. 喜欢参加写生活动,体验写生的乐趣。

活动准备

物质准备:每位幼儿一张 A4 大小的铅画纸、一块配套的画板、一支勾线笔、单反相机、立式大画板。

经验准备:幼儿具备有序观察的经验,有过写生的经历。

活动过程

一、展示单反相机实物,激发兴趣。

教师:看,这里有什么?它是什么样子的?

二、教师引导幼儿观察相机,从整体到局部感知相机的主要外形特征。

1. 感知机身、镜头、挂绳的基本形状。

教师:单反相机是什么样子的?机身是什么形状的?镜头和挂绳又是什么形状的?像什么?我们一起用手指顺着相机的轮廓"画一画"。

小结:相机是黑色的,它由机身、镜头和挂绳组成。

2. 感知相机机身、镜头和挂绳的细节特征。

教师:看看机身上有什么?是什么形状的?像什么?镜头和挂绳上又有些什么呢?

小结：相机的机身上有液晶屏、各种按键，不同的按键形状、大小不同；镜头上有镜头盖、齿楞，还有数字；挂绳上有粗的地方也有细的地方，挂绳上有字母和数字。

三、师幼讨论，写生相机。

1. 借助讨论，个别幼儿到画板上尝试绘画，教师指导幼儿将观察到的用画笔表现出来。

教师：我们可以用勾线笔把它画下来吗？怎么画呢？谁来试一试？画之前想一想怎样布局才合理呢？

2. 幼儿分组边观察边写生单反相机，教师观察指导。

四、展出并欣赏作品。

教师：小朋友们眼中看到的单反相机和你画的一样吗？他们哪里画得好？

活动建议

在美工区可以提供其他的科技产品，如手机、微波炉、电磁炉等供幼儿写生，还可以提供颜料和画笔供幼儿尝试不同的方法写生不同的科技产品。

活动五　学习二等分（数学）

活动目标

1. 尝试将一个物体分成相等的两个部分，能用比较的方法进行检测。

2. 在探索、尝试、比较的过程中，寻找将不同物体二等分的方法。

3. 细心地进行操作活动，并主动将材料收拾整齐。

活动准备

物质准备：各种规则形状（圆、三角、正方、长方、梯形、蝴蝶形等）纸片、剪刀、夹子、易拉袋、吸管等。

经验准备：幼儿听过故事《两只笨狗熊》。

活动过程

一、幼儿回忆故事，激发参与活动的兴趣。

教师：你还记得《两只笨狗熊》的故事吗？两只小狗熊满意狐狸帮他们分的饼吗？为什么？那我们帮助小狗熊想想办法，怎样才能一次就分成相等的两份？

二、明确任务，幼儿操作。

1. 幼儿大胆探索，尝试等分。

教师：今天，桌上有各种形状的图形饼干，请你想办法试试怎样才能剪成相等的两份？剪好后，放进自己的小筐中。

2. 幼儿依据自己的经验判断等分图形，教师观察指导，发现幼儿的学习策略。

三、幼儿相互交流，学会检测。

1. 教师：你分的是什么形状的饼干？是怎么分的？它们相等吗？怎么知道它们是相等的呢？

2. 个别幼儿示范剪以及验证的方法。

3. 小结：我们可以把这些形状的饼干对折一下之后再剪，剪完以后可以将两个图形重叠在一起进行比较，如果两个图形完全相同，我们就可以说它们是相等的。

四、巩固提高。

1. 将吸管二等分。

教师：在桌上还有些硬硬的吸管，它们不能像纸那样省力地折，但它们也可以二等分，请你们想办法试试看。

2. 幼儿操作，教师观察。

3. 教师：用什么方法二等分？幼儿演示。

4. 小结：这种硬的吸管可以借助毛线、纸条、直尺来二等分。

活动建议

除了活动中提供的材料，还有一些材料，如水、沙子、黄豆这些不能折，不能用纸条测量的东西，它们只要借助一些更精确的测量工具，如天平、量杯就可以二等分。可以把这些工具放在区角，鼓励幼儿去探讨它们的测量方法。

第二周　活动一　现代通信工具（科学）

活动目标

1. 欣赏故事，了解现代信息交流的几种方式以及工具。
2. 通过操作、讨论，感受现代信息交流方式的丰富多样和方便快捷。
3. 对现代通信工具感兴趣，乐于与他人交流。

活动准备

物质准备：调查表——我家的通信工具；有关通信工具、使用方式的图片；让幼儿自己准备会使用的通信工具。

经验准备：让幼儿理解通信工具的意思，了解哪些是通信工具，有过使用通信工具的经验。

活动过程

一、出示调查表，幼儿相互交流自己家里的通信工具。

1. 教师：你家里有通信工具吗？你在家找到了哪些通信工具？它们有什么用？
2. 幼儿介绍自己的调查表。
3. 小结：看来，在我们身边有非常多的通信工具，而且它们各有各的用处。
4. 教师：那么，这些通信工具有哪些不同的用处呢？听听故事里是怎样说的。

二、欣赏故事，感知几种现代通信工具的交流方式。

1. 教师讲述故事，从开始到"啊，太好了，大海的波涛声！我听得很清楚。"

   教师：旅游的第一天，豆豆是怎样让妈妈听到大海的声音的？

2. 教师接着讲述故事，到"我和你们一起看到了日出。"

   教师：豆豆是怎样让妈妈和他一起看到日出的？

3. 教师将故事讲述到最后。

   教师：豆豆是怎样让妈妈看到他的城堡的？

4. 教师：豆豆使用的这些通信方式都是用什么工具实现的？除了打电话、QQ、微信你还知道手机里面有哪些工具可以帮助我们和别人交流？

   小结：豆豆去旅游，为了让妈妈也看到美丽的景色，豆豆使用手机，用了电话、QQ可视电话、微信这些现代通信方式帮助妈妈在很远的地方感受到了他所看到的美景。我们把这些能够方便我们与别人联系的现代化工具叫做通信工具。其中，手机是现代人们使用最多的现代通信工具之一。

三、引导幼儿看自制通信工具PPT，进一步认识现代通信工具。

1. 观察图片，了解各种现代通信工具以及它们的特点。

   教师：除了你家使用的和豆豆使用的，你还知道哪些现代通信工具呢？

2. 引导幼儿观察图片，了解更多的现代通信工具。

   小结：各种各样的通信工具给我们的生活带来了很多便利，让我们的生活更加方便、有趣。

四、自主操作通信工具，体验通信工具带来的便利。

1. 教师：你带来了什么通信工具？它怎么用？请你来试一试！
2. 幼儿自主操作自己带来的通信工具。

   小结：各种各样的通信工具给我们的生活带来了便利，我们不仅要爱惜，同时在使用的过程中也要注意安全操作，让这些工具更好地为我们服务。

附：故事

豆豆到青岛旅游，旅游第一天，豆豆来到海边，他打开电话，让妈妈听海浪的声音，妈妈高兴地说:"啊,太好了,大海的波涛声!我听得很清楚。"旅游第二天,豆豆去看日出,豆豆打开QQ视频,妈妈在电脑前高兴地说:"我和你们一起看到了日出。"旅游第三天,豆豆在沙滩上搭了一个城堡,豆豆拍下照片,用微信将照片传给妈妈看。妈妈说:"我看见你的城堡了,真棒!"

活动二 iPad要少玩(健康)

活动目标

幼儿方面:

1. 知道长时间玩iPad等电子产品会影响视力,了解保护视力的方法。
2. 在集体中,尝试健康的护眼行为。
3. 愿意在家长的督促下和同伴共同实施护眼计划。

家长方面:

1. 有促进幼儿护眼行为的意识,分享管理幼儿玩电子产品时间的方法。
2. 与孩子进行情境体验,学习促进幼儿健康护眼行为的教育策略。

活动准备

物质准备:iPad若干,课件,半透明绸带若干条(与幼儿人数相等),贴花若干,事先联系眼科医生、保健医生,录好相关视频。

经验准备:家长对幼儿玩电子产品有困惑;邀请对相关问题关注的家长参与亲子健康活动。

活动过程

一、引入话题,导入活动。

教师:近期,眼科医院里来了不少眼睛不舒服、看东西模糊的小朋友。这些小朋友的眼睛怎么了?让我们来观看视频了解一下!

二、观看视频,唤起已有经验,了解长时间看iPad会对眼睛带来伤害。

1. 视频一:小朋友眼睛不舒服。
2. 视频二:长时间玩iPad。
3. 小结:原来长时间玩iPad会伤害眼睛,让眼睛不舒服。

三、游戏体验,感受眼睛看东西模糊、吃力的感觉。

1. 教师:眼睛不舒服、看不清东西是什么感觉呢?让我们一起来体验一下吧。
2. 游戏体验:帮助幼儿用半透明绸带将眼睛蒙起来,教师带领幼儿在活动室内稍微活动,感受眼睛看东西模糊、吃力的感觉。

3. 教师：当我们长时间用 iPad，眼睛就会累，时间久了就像这样，看什么东西都不清楚。为什么会这样呢？

4. 教师与幼儿进行讨论。

四、学习讨论，拓展新的经验。

1. 教师：一起来听听眼科医生是怎么说的。

2. 教师：经常长时间玩电脑、手机以及看电视会对我们的眼睛有伤害。除了对我们眼睛有伤害，还占用了我们小朋友学习和户外活动的时间。

五、亲子互动，健康行为练习。

1. 教师：小朋友们很喜欢玩 iPad，那 iPad 这些电子产品玩多长时间合适呢？（可请家长一一回答）你们同意吗？

2. 教师：可是，30 分钟究竟有多长呢？你们怎么知道 30 分钟时间到了？谁会来提醒我们呀？应该怎么做？我们现场来试一试吧。

3. 教师：如果爸爸妈妈在做其他事，可以用什么来提醒我们呢？（闹钟、计时器）我们再现场来试一试，小闹钟响了以后，你要怎么办？

4. 教师：你们都是护眼小卫士，每人奖励一枚勋章（贴画）。回到家里我们也要继续这么做哦，要继续保护我们的眼睛。

5. 教师：（出示表格）今天保健老师也来了，我们听听她有什么要和我们小朋友说的。

6. 教师：保健老师带来了"护眼小卫士"表格，小朋友带回家，做到的就为自己画上五角星，比一比，谁是护眼小卫士。

活动建议

1. 和家长及时沟通，请家长在家帮助幼儿合理安排玩电子产品的时间，家园合力巩固健康护眼行为，养成好习惯。

2. 鼓励家长多与幼儿进行户外活动、亲子活动，减少幼儿接触电子产品的时间。

3. 制作家长反馈表，记录幼儿在家的护眼情况，及时与教师进行沟通与调整。

活动三　小老鼠打电话（音乐）

活动目标

1. 学会边唱歌边做游戏动作，按节奏说出歌词中打电话的对话。

2. 借助游戏情境理解、记忆歌词及游戏内容。

3. 理解并遵守游戏规则，和教师或同伴配合按角色打电话及做游戏动作。

活动准备

物质准备：猫和老鼠的头饰（胸饰）、电话机。

经验准备：幼儿有过打电话的经验。

活动过程

一、复习歌曲《打电话》，引起幼儿的活动兴趣。

1. 教师：歌曲里的小动物在干什么？它们打电话说了什么？

2. 出示电话机，讨论电话的用途。

教师：这是什么？电话有什么用？你知道你家里、爸爸、妈妈的电话号码吗？

你拨错过号码吗？号码拨错了，会发生什么事情呢？

二、学习歌曲。

1. 出示老鼠头饰，引起幼儿对歌曲的兴趣。

教师：这是谁？小老鼠也要打电话，会发生什么事情呢？我们一起来听一听。

2. 教师演唱歌曲的前半部分，幼儿欣赏。

教师：请你猜一猜，小老鼠会把电话打给谁呢？

3. 教师完整地演唱歌曲，幼儿倾听。

教师：小老鼠把电话打给了谁？为什么会打给了猫？小老鼠拨打的电话号码是多少？

4. 练习随音乐边唱边做"拨号"的动作。

5. 再次完整欣赏教师的示范演唱，重点听一听：小老鼠打电话都说了些什么？猫是怎么回答的呢？

6. 学习按节奏朗读打电话的对话——鼠："喂，喂，你好呀，请你快到我的家。"猫："好，好，知道啦，马上就到你的家。"

7. 幼儿学习完整演唱歌曲。

三、歌舞表演，提升对歌曲的理解和感受。

1. 师幼共同讨论，给歌曲配上合适的动作。

2. 重点练习"吱儿——喵——噔"的动作。

3. 角色扮演，表演歌曲。

活动建议

1. 建议表演时做以下动作。

1—2小节：用手做打电话状。

3—4小节：随音乐拍拍手。

5—8小节同1—2小节动作。

9—10小节：双手摊开做拿电话本状。

11—14小节：伸出手指做按电话号码状，一个数字按一下。（根据歌曲节奏点名，点到者为"猫"。）

间奏："猫"随音乐节奏走到电话机旁按号码，"老鼠"随音乐节拍拍手。

旁白："老鼠"与"猫"各自用手做打电话状，对话。

15—17小节：随音乐走到"老鼠"家门口。

18小节："老鼠"站起来开门，听到"猫"叫迅速开门。（口中还可随音乐模仿开门、关门的声音。）

间奏："猫"随音乐在门口窥视。"老鼠"表现躲在家中害怕地发抖等样子。

19—20小节："老鼠"站起来指着"猫"唱。

21—24小节："老鼠"摊手做无奈状，瘫软在椅子上。

2. 在教学过程中，教师采用逐层进入的方法，让幼儿边玩边学，在玩中学唱，在歌唱的同时玩游戏，更显趣味性。

3. 歌曲的动作根据游戏情境的需要而出现，来自于幼儿的自然产生。使游戏更具情境性、创造性。

附：小老鼠打电话

$1=D$ $\frac{2}{4}$

陆 成 词曲

```
                                                              B
 i  i  i  | 5̇  0  5  0 | 2̇  2̇  2̇  | 2 43 2 43 | 1  1  1 |
                                                    (鼠)
                                                    (猫)

||: ×  ×  | × × × | × × × × | × × × | 2 43 2 43 |
   喂 喂   你 好 呀,  请 你 快 到   我 的 家。  (猫 走)
   好 好   知 道 啦,  马 上 就 到   你 的 家。

   1  1  1 | × | 13 13 1 3 | 5 5 3 | 45 45 4 3 |
  "吱 儿" "喵" "噔"!     
  (开门声) (猫叫)(关门声)

   2 2 2 ) | 12 34 5 5 6 | 5 3 0 | 5 3 0 | 2 3̂2 1 — ||
   朋 友 怎 么 会 是 它,  原 来    号 码    打 错 了。
```

活动四　小熊写信（语言）

活动目标

1. 了解写信也是现代通信的方式之一，知道用写信的方式表达自己的想法。
2. 能通过欣赏、尝试创作，用图或图加文的方法表现自己的想法。
3. 体验与人沟通的乐趣。

活动准备

物质准备：《小熊写信》PPT，信纸、信封若干，水彩笔。

经验准备：幼儿看过书信。

活动过程

一、谈话导入活动，引起活动兴趣。

1. 教师：现代生活中，如果你想联系别人，你可以用什么现代通信工具呢？

2. 小结：现代生活中，我们可以通过手机、固定电话、电子邮件、传真等方法联系到别人，这些通信工具给我们的生活带来了许多便利！

3. 教师：你知道在这些现代通信工具还没有发明出来之前，人们想和远方的亲人、朋友联系，会通过什么方法呢？

二、听教师讲述故事《小熊写信》，引起对写信活动的兴趣。

1. 教师有表情地讲述故事并利用教具演示，帮助幼儿理解作品的内容。

2. 按故事线索提问，进一步理解作品的内容，熟悉故事情节。

教师：小熊想念奶奶，可奶奶不识字，他该怎么办呢？他是怎么写信的？奶奶是怎么回信的？小熊给小狗的生日邀请卡是怎么写、画的呢？

3. 完整地欣赏故事。

4. 小结：原来用写信的方法来表达自己想说的话，也是很有趣的呢！我们可以用绘画的方法写信，也可以用绘画加写字的方法来表现。

三、幼儿自主写信创作。

1. 教师：你想写信吗？你想写信给谁？你想对他（她）说什么？你可以怎么写这封信？

2. 幼儿讨论，自由创作。

四、分享、评价、总结。

1. 教师：你觉得写信有趣吗？你是怎样表达你的想法的？

2. 个别幼儿分享自己的"信件"。

3. 小结：写信也是一种通信方式，它能表达自己的想法。小朋友们可以用图或者图加文的方式，在信里表现出自己想说的话。

五、将信用信封装好，送给写信的对象。

活动五 学习8、9的加减（数学）

活动目标

1. 根据购物情境，列出加减算式并进行计算，学习9以内数的加减运算。

2. 能灵活、多角度地思考和解答购物活动中出现的问题，感受解决问题方法的多样性。

3. 保持正确的书写姿势，培养保护眼睛的好习惯。

活动准备

物质准备：

1. 教具：礼品超市的礼品以及价格图片。
2. 学具。

　　第一、二组：压膜材料若干，每张图片上画有9以内加法或减法的三幅图。

　　第三、四组：几何拼图图画若干。

　　第五、六组：规律排列底板、图形片若干。

经验准备：幼儿已经学习过7以内的加减，学习过8、9的分合。

活动过程

一、游戏"碰球"导入活动，复习8、9数的分合。

教师和幼儿分别出题，进行"碰球"游戏。

二、购物猜测，学习8以内的加减。

1. 教师出示礼品超市图片，引导幼儿猜测。

教师：礼品超市里的东西真多呀！我用8元钱在礼品超市买了一件礼物，还剩下6元钱，请你猜猜我买了什么？为什么？

2. 幼儿进行猜测，请幼儿列出算式，并说明自己的理由。

3. 请个别幼儿说出自己的购物设想，请全班幼儿猜测并列出算式，再请几名有不同猜测结果的幼儿介绍自己的猜测过程。

三、买礼物，进一步进行9以内的加减。

1. 教师：我买了2件相同的礼物，花了8元钱。猜猜我买了什么？为什么？我买了一只玩具狗（5元），一个铅笔盒（4元），一共花了多少钱？

2. 请个别幼儿说说自己的购物设想，并列出算式。

幼儿小组操作，教师个别指导。

1. 教师介绍小组活动。

（1）第一、二组：看图列算式。

教师：请仔细观察图上的内容，在下面的空格里填写上相应的算式。

（2）第三、四组：找图形。

教师：请你仔细看图画，说说图画上有什么？找找图画中有哪些图形，各是几个？并在下面相应的图形后直线上记录下它们的数量。

（3）第五、六组：图形旋转排列。

教师：请你找出一组图形排列的规律（旋转排列的），取出相应的图形片进行组合，再按规律进行排列。

2. 幼儿操作，教师指导。

教师观察并指导幼儿计算和填写记录单，叮嘱其按要求完成练习。提醒幼儿在书写时保持正确的坐姿。

五、活动交流与讲评。

1. 教师：刚才的游戏中你遇到困难了吗？请你来说一说。
2. 教师和幼儿共同检查填好的操作单。

第三周　活动一　有用的家用电器（综合）

活动目标

1. 通过讨论、了解，感受家用电器对人们生活的帮助，知道使用它们要注意安全。
2. 能用较完整的语言交流分享所认识的各种家用电器的名称和作用。
3. 对生活中的家用电器产生兴趣。

活动准备

物质准备：电吹风、家用电器的录像（电视机、电冰箱、洗衣机、微波炉、空调、浴霸、电饭锅、抽油烟机、榨汁机、吸尘器、电熨斗等等）。

经验准备：幼儿参观过商厦里的电器专柜，并实地进行过观察、记录、询问。幼儿在家里寻找各种家用电器，并以图画的形式记录下来。

活动过程

一、理解什么是家用电器。

1. 教师使用吹风机。

教师：这是什么？它有什么用处？它通过什么才能够工作？（用电）

2. 小结：我们家里使用的一些用电并能够方便我们生活的机器，我们称它们为家用电器。

二、介绍自己家里的家用电器。

1. 幼儿介绍自己在家里寻找到的各种家用电器。

教师：你们家里面有哪些家用电器？我们一起交流一下。

2. 分享调查表，数数自己在家里找到的家用电器。

三、交流各种家用电器的用处。

1. 教师：我们每家都有很多家用电器，这些不同的家用电器有什么用处呢？
2. 幼儿自由讨论、表达家用电器的用途。
3. 播放家用电器的录像，边看边讨论。

教师：这是什么？有什么用处？

它们的形状、颜色一样吗？为什么要不一样？（满足人们不同的喜好）

你同意他的说法吗？还有什么意见？你们还有什么问题吗？可以提出来大家一起讨论。

小结：家用电器用处可真大，它们给我们生活带来了许多便利。

四、使用家用电器要注意安全。

教师：家用电器使用时需要通电，所以使用时要注意安全。

家用电器使用不当会给我们带来危险，我们使用的时候应该注意什么呢？

五、联系生活，安置各种家用电器。

1. 教师：小明要搬新家了，我们来参观小明家都有哪些房间？（厨房、卧室、客厅、书房、卫生间）需要哪些家用电器？这些家用电器应该放在哪里呢？

2. 幼儿分组讨论，以图画的形式画出家用电器，然后安置在小明的新房里。

活动二　神奇的电池（科学）

活动目标

1. 通过探索、操作，了解电池的特性、作用和种类。
2. 能在探索干电池能使灯珠发光的活动中，学习正确使用电池的方法。
3. 感受科学探索的乐趣，有初步的环保意识。

活动准备

物质准备：

1. 各种电池：纽扣电池、干电池、锂电池。另备电动玩具若干。
2. 操作材料人手一份：电池一节、灯珠一个、电线一根、铜片一个。

经验准备：玩过电动玩具。

活动过程

一、组织幼儿自由探索操作材料，激发幼儿的兴趣。

教师：这里有一些操作材料，请大家玩一玩，说说你发现了什么？

二、观察电池外形特征，学习正确使用电池的方法。

1. 幼儿动手操作探索，教师指导幼儿的操作活动。

教师：请你想一想、试一试，电池怎样放入电池盒，才能让灯珠发亮呢？

2. 讨论：你是怎么让灯珠发光的？你是怎样安装电池的？

3. 观察电池，认识"正、负"极。

教师：小朋友们自己看看电池上有什么标记？你知道它是什么意思吗？

4. 幼儿自主尝试根据电池的正负极标记，安装电池使灯珠发亮。

5. 启发幼儿尝试安装电池让玩具启动。

教师：你是怎样装电池让玩具启动的？电池的"+、-"极标记是按什么位置安装的？

6. 小结：电池可以让灯珠发光、让电动玩具启动。电池有正负极之分，我们安装的时候要注意。

四、了解电池的作用。

教师：你知道电池有什么用吗？在我们的日常生活中，还有哪些东西需要电池？你还知道哪些不一样的电池？

五、启发环保意识，知道废电池有毒，不能乱丢。

教师：电池能用很长时间吗？不用时应该怎样做？为什么？

小结：电池有很多种，一号电池、二号电池、纽扣电池、手机电池等等，电池有供电的作用，安装电池必须看清电池盒里的"+、-"极，正确安装才能使灯珠发亮，使玩具汽车行驶。不用时，要把电池及时取出，以免腐蚀器具。

活动三　威尼斯音乐钟（音乐）

活动目标

1. 听辨乐曲的结构，感受音乐的意境。
2. 在教师的引导以及图谱的帮助下，根据情节创编各种钟的造型。
3. 能观看别人创编的动作，感受音乐活动的乐趣。

活动准备

物质准备：《威尼斯音乐钟》音乐、播放器、音乐图谱一张。

经验准备：有良好的倾听音乐的习惯。

活动过程

一、幼儿完整欣赏音乐第一遍。

1. 教师：今天老师给小朋友们带来了一段神奇、美妙的音乐，叫《威尼斯音乐钟》，小朋友们仔细听一听，听完后，请你说一说有什么样的感受？

2. 师幼共同讨论。

二、幼儿完整欣赏音乐第二遍。

1. 教师：威尼斯是外国的一座城市，音乐描述的是：在威尼斯一座神奇的城堡里，有许多奇怪的钟，每当夜幕降临，钟声响起，就会发生许多奇怪的事情。小朋友们再次听时，在脑袋里放动画片，试试你能看到什么样的画面？你听，钟声响起了。

2. 教师：你听的时候好像看到了些什么？

3. 幼儿自由表述自己的想法。

三、再次完整欣赏音乐的同时，教师以故事的形式讲述音乐的思想内涵。

1. 教师：这段音乐到底讲了一个什么样的故事？

下面，让我们一起听一听音乐想要告诉我们的故事。

2. 再次完整地欣赏音乐。

3. 教师：你听懂这段音乐了吗？你在音乐里听到了什么？

四、教师出示音乐图谱，幼儿根据故事情节和对音乐的理解粗略说说符号所代表的意思。

1. 教师：这些奇怪的符号代表刚才我们听到的音乐，你看懂了哪些符号？说一说这些符号所代表的意思。

2. 教师与幼儿共同讨论。

五、分段欣赏，感受音乐意境，理解图谱与音乐的关系，创编相应动作。

1. 教师和幼儿讨论，找出相应的图片贴在图谱前。

教师：你听到了什么？（钟声）城堡里有许多神奇的钟，你想做什么样的钟？学学它的样子。老师也带来了许多钟，如果你喜欢，可以学学它的样子。

2. 教师播放音乐 A 段，幼儿倾听并交流感受。

教师：小朋友们听到音乐后在自己的脑袋里放放动画片，试试你在音乐里能听到、看到什么？

你在这段音乐里听到了谁？（找出相应的图片贴在图谱前）

这段音乐你感觉怎么样？（优美、开心、跳跃）你看见小仙女在做什么？可以怎么样来表现小仙女？

3. 教师播放音乐 B 段，幼儿倾听并交流感受。

教师：你在这段音乐里看到了谁？（找出相应的图片贴在图谱前）

他们的音乐有什么区别？（强弱）可以怎样表示这段音乐的不同？我们跟着这段音乐来表现一次。用自己的动作来表示大巨人和小矮人。

4. 教师播放音乐 C 段，幼儿倾听并交流感受。

教师：你在这段音乐里看到了什么？（找出相应的图片贴在图谱前）

你对这段音乐有什么样的感觉？（欢快、高兴）

5. 教师播放音乐 D 段，幼儿倾听并交流感受。

教师：最后，你听到了什么？（强调最后三个音时，一切恢复到原样。）

六、再次欣赏音乐，幼儿随音乐在图谱上移动，指出音乐与图谱的匹配关系。

教师：小朋友们喜欢这段音乐吗？通过我们分段的欣赏，你们懂这些奇怪的符号了吗？请一位小朋友来当指挥家，用小棒随着音乐在图谱正确的位置下方移动。

七、完整听音乐，幼儿自选分角色表演。

教师：你们想来玩这个游戏吗？

第一次：教师当仙女。

第二次：幼儿们充当所有角色。

八、跟着"小仙女"到外面做游戏。

附：故事

在威尼斯一座古老的城堡里，有许许多多各种各样的钟，每当夜晚来临，钟声就会响起，这时，会有一位美丽的小仙女高兴地来到城堡，她挥动着自己手中的仙女棒，在城堡里来回飞舞着，对这些钟施加魔法，她将这些钟变成大巨人和小矮人，大巨人和小矮人在一起开心地玩游戏；后来，仙女再次挥动手中的仙女棒，把他们全部变成了大巨人，他们更高兴了，跳起了圆圈舞，特别的开心，特别的快乐；这时，天亮了，仙女的魔法失灵了，一切又回到了从前。

活动四　安全用电（健康）

活动目标

1. 通过观察、操作知道电器有电危险，不能用手触碰插头、插座，会触电。
2. 能初步掌握自我保护的方法，简短讲述安全使用电器的知识。
3. 有自我保护意识，养成安全用电的好习惯。

活动准备

物质准备：

相关电伤人视频、自制PPT"安全用电"（图一：幼儿玩电线。图二：幼儿玩插座。图三：一幼儿在浴室内洗澡，一电热器放在潮湿的地上，小朋友伸出潮手想摸电热器。图四：一幼儿在台灯下看书，另一幼儿把台灯放在被子里看书），电线若干段，插座若干个。

经验准备：知道有些电器要插电才可以使用。

活动过程

一、幼儿谈话，引发兴趣，讲述电的用途。

1. 教师：电有什么作用？

2. 师幼共同讨论。

3. 小结：电有很多好处，它能给我们的生活带来许多便利。

二、了解电使用不当给人们带来的危害。

1. 教师：可是，使用不当，"电"有时候也会伤人，很危险！

2. 幼儿观看相关电伤人视频，直观感受不正确使用电会带来的危害。（教师选取视频和照片时要考虑幼儿的心理接受程度，过于恐怖的画面不建议展示）

3. 教师：看了这段视频，你有什么感受？

三、观看PPT，观察、讨论、了解安全使用电器的粗浅知识。

1. 观看PPT（图一、图二），引导幼儿观察、讨论。

（1）教师：电在什么时候会发脾气伤人呢？请小朋友们看图片，想一想他们这样做对吗？会有什么危险？（图一：幼儿玩电线；图二：幼儿玩插座）

（2）出示电线，幼儿观察其基本结构和作用，知道如果电线的保护层被损坏，人们就可能碰到电，电会有危险。

（3）出示一个插座，幼儿观察插座的基本结构和作用，知道不能将手或其它东西伸进插孔，接触到铜片，电就会传到我们身上，伤害我们。

（4）师幼共同小结：电线和插座是接通和传输电的设备，应该按正确的方法使用它们。

2. 观看PPT（图三），引导幼儿观察、讨论。（图三：一幼儿在浴室内洗澡，一电热器放在潮湿的地上，小朋友伸出潮手想摸电热器）

（1）教师：这位小朋友这样做对吗？为什么？

（2）小结：水也是可以传电的，如果将电器放在潮湿的地方使用，会发生漏电的危险。

3. 观看PPT（图四），幼儿观察、讨论。（图四：一幼儿在台灯下看书，另一幼儿把台灯放在被子里看书）

（1）教师：谁做得对？谁做得不对？为什么？

（2）小结：电可以发热，长时间使用电器会产生热量，用被子捂住台灯，热散不出去，会引起火灾。同时也很容易触电。

四、总结。

电给我们带来了许多好处，正确使用，电能够帮助我们做很多事情。但如果不正确使用电器，就会给我们带来危险。所以小朋友们一定要注意安全用电，让电成为帮助我们的朋友。

活动五　声音是怎样录下来的（科学）

活动目标

1. 了解可以将声音记录下来的几种方法，感受科技对人类生活的影响。
2. 能动手进行尝试，掌握手机、iPad 等几种通信工具的操作方法。
3. 培养幼儿关注、探索电子、科技产品的兴趣。

活动准备

物质准备：师幼共同收集记录声音的工具，如手机、iPad、录音笔、MP3、摄像机、电脑等；录音素材。

经验准备：活动前请幼儿做关于如何记录声音的调查。

活动过程

一、播放录音，引发幼儿讨论。

教师：小朋友们，我们班××小朋友因为生病，已经好几天没来上学了，他可想大家了，你们想不想他呀？××小朋友有好多的话要对咱们说，大家来听一下。（播放录音）

教师：××小朋友的声音为什么会从老师的手机里面传出来呢？（手机可以把我们的声音录下来，在我们需要的时候进行播放）××小朋友在家可孤单了，你有没有话对他讲？

二、探索怎样将声音录制下来。

1. 幼儿讨论：怎样使用手机录音？
2. 一名幼儿在老师帮助下操作手机，配合录音。

操作流程：打开手机——找到"录音备忘录"——按下红色小按钮开始录音——再次按下红色小按钮结束录音——播放刚才的录音。

3. 幼儿分组在教师的帮助下，探索手机录音的操作方法并完成录音。

教师分别出示手机按键的图标，请幼儿根据图标进行操作，并对操作结果进行表述。

4. 播放幼儿的录音，满足好奇心。
5. 幼儿集中交流，拓展经验。

教师：请仔细观察，录音界面上还有哪些图标？它代表什么意思？

6. 幼儿在教师的协助下，体验录音、暂停、继续、完成等操作。

教师：你还想对××小朋友说些什么呢？请录在手机上。（提醒幼儿轮流说，轮流操作）

三、使用 iPad，了解其他的录音工具，拓展经验。

1. 教师演示一种新的录音工具——iPad。

教师：老师也有话要对××小朋友说，但老师想用一种新的录音工具来录音，你们能告诉老师，还有哪些东西，能把我们的声音录下来吗？（教师选择iPad录音，并播放）

2. 幼儿尝试iPad记录声音的方法。

（1）幼儿自由选择一种方法进行记录。教师巡回指导帮助幼儿掌握录音的正确方法。

（2）教师：有什么好办法可以在录音中减少杂音呢？鼓励幼儿大胆尝试。

（3）小结：录音时，周围的声音不能太嘈杂，这样录制的声音才清晰。

3. 播放幼儿的录音，体验成功感。

四、幼儿观看教师使用手机和iPad的摄像功能，产生继续探究的兴趣。

教师：如果我们拍段视频给××小朋友，他会不会更高兴呢？你们看手机和iPad还能摄像呢！它们还有哪些有趣的功能呢？让我们继续探索吧。

第四周　活动一　小小发明家（一）（语言）

活动目标

1. 在看看、猜猜、说说、听听中了解故事内容，并能完整讲述。
2. 学会用"用……做成……"表述自己的想法。
3. 在"变废为宝"的想象与创作中，感受发明的奇妙，激发好奇心。

活动准备

物质准备：绘本《小小发明家》、PPT课件。收集纸盒、易拉罐、玻璃瓶等若干。

经验准备：有过用废品制作玩具的经验。

活动过程

一、导入活动，激发幼儿参与活动的兴趣。

教师：今天老师带来了一位朋友，他叫小明。小明有一双灵巧的手，能做出许多有趣的东西来。瞧，他在干什么？他又找到了些什么呢？

二、幼儿自主阅读，理解绘本内容。

1. 教师：在小明的眼里，这些东西都是宝贝，他会用这些宝贝做成什么呢？让我们一起来看一看这本书，寻找答案。

2. 幼儿自主阅读绘本部分内容。

3. 教师：绘本里，小明用那些宝贝做成了什么呢？

4. 师幼共同讨论，引导幼儿用"用……做成……"表述自己的想法。

5. 小结：小明用这些宝贝做成了各种各样有趣的东西，有用易拉罐、纸盒、玻璃瓶做成的火车，有帮助妈妈装草莓的纸箱，大小不同的纸盒做成的汽车，还有花瓶、雪橇、玩具、飞机各种各样有趣的东西。

三、完整阅读，理解绘本故事。

1. 幼儿在教师的带领下完整阅读绘本故事。

2. 教师：小明用这些宝贝做了很多好玩有趣的东西，你觉得他能干吗？请你给这个故事取个名字吧！

3. 教师：你家里有这些"宝贝"吗？平时，你会怎么做？

4. 小结：只要我们动动脑筋，就能将废品变成好玩的玩具、有用的宝贝。

四、活动延伸，操作活动。

1. 教师：想一想，你能用这些"宝贝"变出和小明不一样的东西吗？

2. 操作活动：我们也来变宝贝。

活动二　小小发明家（二）（美术）

活动目标

1. 利用各种废旧物品和家长一起制作有趣的物品。
2. 通过讨论、尝试、探索，掌握能够利用各种材料和工具进行创造的本领。
3. 感受亲子制作活动的乐趣。

活动准备

物质准备：绘本《小小发明家》，PPT课件；家里完成的创意作品（可以是第一次活动的延伸内容）；师幼、家长共同收集各种废品，放置在班级"百宝箱"中。

经验准备：有过制作经验，喜欢制作活动。

活动过程

一、回忆故事《小小发明家》，体会"变废为宝"的乐趣。

1. 教师出示绘本图书《小小发明家》，共同阅读、回忆故事内容。

教师：小明找到了哪些"宝贝"？他用这些"宝贝"做成了什么？你觉得小明是个怎样的孩子？你有过"变废为宝"的经验吗？

二、亲子作品展示。

1. 教师：你在家都收集到了一些什么"宝贝"？你用这些"宝贝"变成了什么？谁来介绍一下？

2. 请个别家庭介绍自己在家中"变废为宝"的创意作品。

三、创意亲子DIY。

1. 教师：我们的教室里也有一个百宝箱，里面有各种各样大家收集来的"宝贝"！今天请小朋友和爸爸妈妈们一起来做发明家，将这些材料"变废为宝"，你最想做什么？用什么做？

2. 教师交代操作要求：请你和爸爸妈妈一起，可以选用"百宝箱"里的各种材料，要爱惜材料，在规定的时间内完成制作。完成后，请每个家庭派一位代表向大家介绍：你们发明的是什么？它有什么用？

3. 幼儿与家长共同讨论制作方案，寻找合适的制作材料，尝试制作。

四、评价、分享。

1. 教师：你和你的爸爸妈妈发明了什么？它有什么作用？请向大家介绍一下。

2. 请每组代表介绍自己组的作品。

3. 将作品展览在展示区，供大家参观、欣赏。

五、共同打扫活动室，并把材料、工具物归原处。

1. 继续收集各种废旧物品，充实到"百宝箱"中；区域活动中，鼓励幼儿创意制作，并展示作品。

活动建议

1. 邀请家长和幼儿一起收集废旧物品。

2. 亲子DIY：幼儿园可举办"大小发明家手拉手"的创意比赛。

3. 观察图画书中小明的制作，并尝试向他学一学。

4. 举办"我是小明"故事大擂台：将自己的创意编成一个好听的故事，并愿意大胆讲述。

活动三　时钟舞（音乐）

活动目标

1. 学习双圈集体舞《时钟舞》，大胆创编国王换衣服的动作。

2. 能借助观察对面幼儿的动作，正确做出相应的动作。

3. 感受与同伴进行集体舞蹈的快乐。

活动准备

物质准备：切分音时钟 A 段、B 段、模型音乐、完整音乐，椅子一张。

经验准备：课前幼儿已会前奏部分动作。

活动过程

一、开始部分。

1. 故事导入，引起幼儿兴趣。

教师：你听过《国王的新衣》这个故事吗？有个国王爱穿新衣，每一个小时就要换一件，两个骗子说："我们能用生丝和金子织出最美丽的布料，用这样的布料做成的衣服，不称职的人和愚蠢的人是看不见的。"国王迫切地想看到这样的布料，于是他每隔半小时、每隔一刻钟都要换新衣服，最后国王穿着这样的布料做成的衣服参加游行大典去了。

2. 幼儿创编时钟人运动的动作。

教师：今天我带来了一段音乐，讲的就是故事里的内容，请你想一想时钟人会怎么运动呢？

3. 幼儿创编时钟人的动作，随乐做时钟人和国王换衣服的动作造型。

教师：我用你们创编的时钟人的动作和我创编的国王换衣服的动作合着音乐做给你们看，你仔细看一看，国王换了几次衣服？

4. 教师和幼儿共同听音乐做动作造型一次。

教师：国王换了几次衣服？国王每换一次衣服他的动作会一样吗？因此我们要做几个不同的动作表示国王换了 4 次衣服呢？

二、基本部分。

1. 幼儿创编国王在穿衣镜前试衣的动作。

教师：国王在镜子前换衣服、试衣服时，会做什么动作呢？

（1）幼儿自由创编动作。

教师：大家都编了不同的动作，谁愿意来做给大家看看？

（2）教师清唱，幼儿进行动作的个别展示。

教师：我们一起合着音乐来做一做动作，每人要想 4 个动作。

（3）教师帮助幼儿提升动作，幼儿合着 B 段音乐做 4 个不同的换衣服的动作。

2. 幼儿在双圈上学习 A 段动作。

（1）幼儿先站成双圈，教师提醒幼儿控制与同伴间的间距，面向圆内站好。教师清唱。

教师：让我们这一面大钟走起来吧。

（2）幼儿合着音乐，沿着顺时针的方向行进走。

教师：让我们这个大时钟的指针也走动起来吧，记住指针要先从圆圈的外面向里面走。

（3）幼儿完整练习 A 段舞蹈动作，跟随音乐进行尝试。

3. 幼儿学习双圈集体舞 B 段动作。

（1）教师出示椅子表示镜子，引导所有幼儿面对面站好。

教师：椅子面前站着的里圈人就是国王，国王在照镜子，其他所有的人都是镜子里的国王，我们要和国王做同样的动作哦。

（2）幼儿探索如何正确做出国王的动作，借助观察对面幼儿的动作，正确做出相应的动作。

教师：大家的办法非常好，我们来试一试。

（3）教师清唱，幼儿表演B段舞蹈。

（4）幼儿合着音乐表演B段舞蹈。

4. 幼儿尝试完整表演《时钟舞》，最后摆一个最酷的国王造型。

5. 请时钟人和我们一起表演舞蹈。

三、结束部分。

更换时钟人再次完整表演，教师提醒幼儿注意观察镜面人物的动作并做出相应的动作，提醒镜子前面扮演国王的幼儿动作要尽量有趣，与众不同。

活动四 哪块地最大？（数学）

活动目标

1. 学习并理解用同一自然物间接测量比较面积的大小。
2. 能够大胆猜测面积的大小，并通过测量验证自己的猜想，初步体验面积的守恒。
3. 体验与同伴积极讨论测量的方法及努力解决问题带来的快乐。

活动准备

物质准备：白板课件；操作单、笔、记录单、小方格、长条积木。

经验准备：初步尝试过测量，有记录经验。

活动过程

一、导入："羊村村长来分地"。

1. 村长大喇叭：咱们羊村现在有三块空地，准备供大家使用，需要的速速到我这领取。
2. 教师：请小朋友们来帮忙，猜猜看哪块地最大？为什么？
3. 教师：原来我们可以用直接观察比较或者重叠比较的方式来比较哪块地大，哪块地小。

二、"比比哪块地最大",学习使用平铺小方格的方法测量土地的大小。

1. 教师:村长这里还有三块土地,不过这三块地到底谁大谁小,村长伤透了脑筋。

2. 出示三块地的图片:

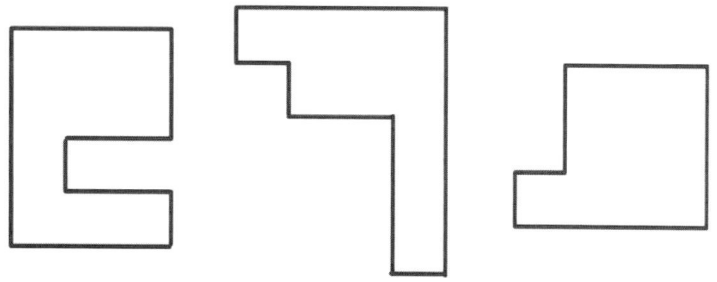

3. 教师:用什么测量工具才能知道三块土地的大小呢?

4. 教师适时出示自然材料(小方格)提示幼儿。

5. 师幼共同探讨使用小方格测量面积的注意事项(沿边、不重叠、不留空、平铺)。

6. 小组操作,测量哪块地最大,并记录。

7. 教师总结:虽然上面三块土地看起来不一样大,但是它们用了相同数量的格子,所以它们一样大。

三、使用不同自然物测量同一物体。

1. 教师:喜羊羊和美羊羊为了感谢村长,决定去买一块布送给村长做衣服,他们分别带上自己的尺子去量布料,喜羊羊的是小方格尺子,美羊羊用的是长条积木尺子。

2. 使用小方格测量布料的大小。

3. 使用长条积木测量布料的大小。

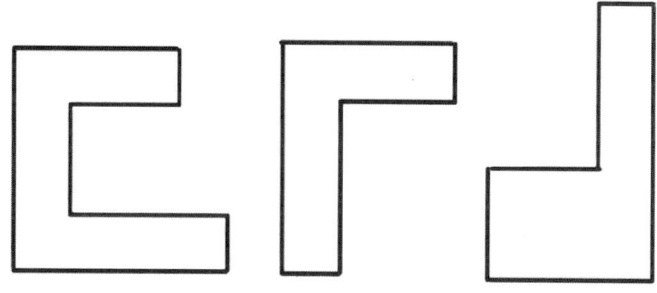

主题活动四 我发现的科技产品 | 153

4. 教师：每块布他们测量的结果一样吗？为什么？
5. 总结：不同大小的自然物测量同一物体所得到的结果是不一样的。如若比较同一物体面积大小，我们要用相同的测量物测量。

活动五　科技博览会开幕了（综合）

活动目标
1. 用自己喜欢的方式，从不同角度表现对科技产品的经验。
2. 能积极与同伴协商，共同布置有个性的科技产品展览。
3. 在与同伴共同完成任务的过程中，体验合作的乐趣。

活动准备
物质准备：各种科技产品的模型，关于科技产品的书籍、图片，绘画纸，彩色笔，各种大小、形状不同的纸盒。

经验准备：幼儿对各种科技产品已有一定的兴趣和探索了解的经验。

活动过程
一、谈论办科技产品展览会的有关事宜。
教师：小朋友们发现了解了很多科技产品，有什么办法可以展示我们喜欢的科技产品呢？你们看过展览会吗，举办展览会需要做哪些事情呢？
二、自由组合，积极讨论制作科技产品。
1. 观察各种科技产品的模型、图片、书籍，丰富经验。
教师：小朋友们自己想制作什么样的科技产品？用哪些材料来制作科技产品？
2. 讨论，选择适宜材料。
3. 幼儿自由组合，六人为一组，讨论并选择喜欢的材料、场地进行创作、布置。
三、参观科技产品展览会。
1. 师生共同参观每组布置好的展台，并请每组派代表向大家介绍小组成员为布置科技产品展览会想了哪些好办法。
2. 向大家介绍一至二种展出的最棒的科技产品（颜色、外型、用途、特殊功能等）。
四、活动延伸。
1. 可用绘画的形式，画出不同种类的科技产品并制作成门票，请弟弟妹妹或其他班级的小朋友和家长等来展厅参观，并做进一步的讲解和介绍。

2. 请幼儿在区域活动中配合展区制作广告画、设计广告词，制作大型海报画，学会宣传。
3. 可配合展览会进行产品推销活动。

活动建议

在"制作和布置展览"的环节中，可建议幼儿按某种特征分类后再进行制作和布置，例如分成发明家介绍区、通信区、家用电器区等。

主题活动五

再见了,幼儿园

主题活动五
再见了，幼儿园

主题意图

三年的幼儿园生活很快就要结束了！回忆这三年的时光，我们从哭哭啼啼的小娃娃长成了能干、懂事的哥哥姐姐；从生活中穿衣、吃饭许多事情离不开老师帮忙的小宝宝，成长为了主动承担值日任务为大家服务的小帮手；从对幼儿园各处都不熟悉的新朋友，变成能绘制幼儿园地图，搭建幼儿园的设施的小主人。三年的童年时光，老师陪着我们成长，绿色的校园里随处都能看到我们留下的足迹：老松树上的树牌、池塘边的安全标记、种植园里的花花草草、沙池里的宏伟建筑、滑滑梯上的欢声笑语……

幼儿园留给我们许多美好的回忆：在这个毕业季，我们要把最美好的祝福送给亲爱的老师们、弟弟妹妹们。我们要用能干的小手做一份精美的作品送给幼儿园留作礼物，用我们甜蜜的歌声为大家送去欢乐，将我们精彩的舞蹈献给陪伴我们成长的幼儿园里的每一个人和我们的爸爸妈妈！

再见了，幼儿园！感谢你把我培养成一个身体健康的人，感谢你把我培养成一个快乐幸福的人！再见了，小伙伴！感谢你们和我一起分享你们的欢乐！再见了，老师妈妈，感谢你们每一天的呵护和悉心的教导！我会健康地成长，当我带上红领巾时，我一定会回来看你们！

主题目标

健康：

1. 乐意为别人和集体做好事，有责任感和毅力。
2. 认真地整理自己的抽屉、书包，提高自我服务的能力，养成细致做事的习惯。
3. 坚持按计划进行锻炼和游戏，养成做事有序、有始有终的好习惯。
4. 学习编鸭蛋网、打结的方法，促进手部精细动作的发展。
5. 知道再好吃的东西也不多吃，养成健康饮食的习惯。

语言：

1. 能用连贯的语言表达自己的想法，会正确使用常见的形容词。
2. 能详细、有重点地介绍自己喜爱的图书。
3. 喜欢阅读书籍，体会阅读的快乐，对文字符号感兴趣。

社会：

1. 了解端午节的名称、风俗与来历，感受民俗的乐趣。
2. 分享幼儿园三年生活的点滴，重温与老师、同伴在园生活的快乐，感谢老师和帮助自己的人。
3. 喜欢交朋友，会主动、积极地与同伴交往，懂得珍惜友谊。

科学：

1. 学习10以内的组成。
2. 掌握10以内的加减法，会看图列算式。
3. 按步骤自制传声筒，感知声音的传播。

艺术：

1. 绘画动态人物，能表现出自己理想的职业人物的特点。
2. 尝试用图加文的方式表达自己的祝福。
3. 利用绘画、手工等方式制作纪念品送给幼儿园。
4. 掌握领唱、轮唱和齐唱的不同方法，感受合唱的魅力，学会在歌声中表达自己的情感。
5. 积极参与毕业舞蹈的排练，在毕业汇演中展现优美、自信的舞姿。

主题网络图

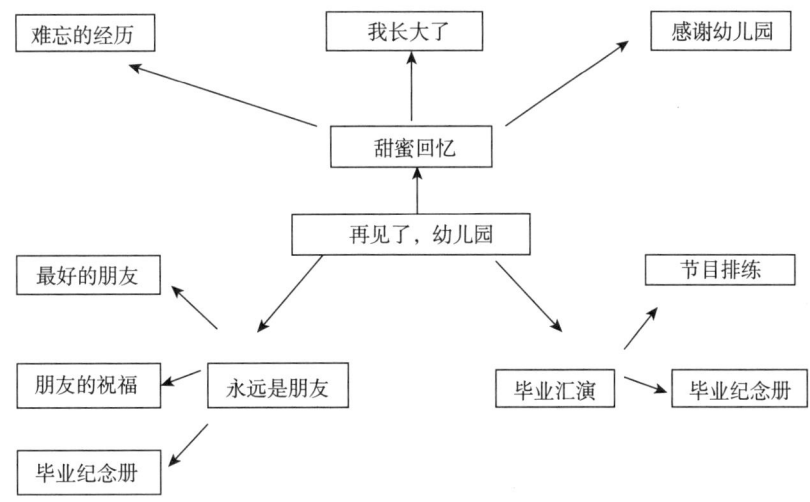

环境创设

1. 在主题墙上设置毕业倒计时牌，让幼儿在学会倒数计时的过程中感受告别幼儿园生活的一天天临近。

2. 主题环境中展出师生共同收集的幼儿园三年间的生活照片，供幼儿与同伴一同回忆三年美好的时光。

3. 在区域中增加制作毕业纪念册和留言卡的材料及幼儿在园生活、游戏、学习的照片，供幼儿毕业留言及互赠毕业祝福。

三方互动

教师——策划毕业庆祝会，帮助幼儿理解毕业的意义；进行幼儿毕业前的心理疏导。

幼儿——对身边的人怀着一颗感恩的心，感谢三年来照顾自己的每一位老师。更主动积极地与同伴交流、游戏，珍惜同学间的友情。

家长——积极与幼儿园配合，增加与幼儿的沟通，帮助幼儿解决他们心中的困惑。

特色活动

	活动	活动准备	指导要点	参与幼儿
健康大活动	做香囊	布囊、干花、薄荷叶、相关PPT等	将干花、薄荷叶等材料放在自制的小布囊中，向弟弟妹妹介绍端午习俗，分享香囊	全体幼儿
安全教育活动	演出中的安全	相关图片及标志、舞台	知道在舞台上下场的过程中不奔跑、推搡，会耐心排队和等待	全体幼儿

续表

	活动	活动准备	指导要点	参与幼儿
户外活动	气球伞	气球伞、配乐、播放器	能在上抛气球伞的过程中，注意手部的力量和方向。与同伴配合一起完成抛、压、转等动作	全体幼儿
	儿童乐园	玩沙工具	合作完成有主题的沙池作品，进一步探索挖空建高的能力，形象地表现各种乐园设施	部分幼儿
语言活动	法布尔昆虫记	绘本《法布尔昆虫记》绘图版全套或PPT	增加科学探索兴趣，了解有趣的动物知识	本班幼儿
	别想欺负我	绘本《别想欺负我》或PPT	认识到自己是个很棒的孩子，应该为自己感到骄傲	本班幼儿
	我不跟你走	绘本《我不跟你走》或PPT	知道在熟悉的环境里也要有保护自己的意识，不和没有约定好的人走	本班幼儿
	小美的麻烦	绘本《小美的麻烦》或PPT	提升了自己将来遇到问题时的解决能力，给予积极愉快的情感体验，知道遇到困难不害怕，主动想办法解决	本班幼儿
音乐活动	毕业歌	钢琴、琴谱	复习歌曲，能有感情地演唱	本班幼儿
	哦，十分钟	录音伴奏、电脑	能边唱边表演，动作优美有节奏感	本班幼儿
	毕业舞	电脑、音乐	能与同伴合作，动作优美地排练毕业舞蹈	按节目分组

主题活动五 再见了，幼儿园 | 161

区域活动

	活动与指导要点	幼儿发展目标	材料与层次
建构区	活动：我们的幼儿园 指导要点：能与同伴合作建构幼儿园中有特色的一处景色	学习合理布局，与同伴合作，搭建幼儿园的景色	材料：积木、辅料若干 层次一：能选择幼儿园中自己喜欢的一处景色进行搭建； 层次二：能合理布局，并通过添加辅助物进行装饰； 层次三：能与同伴合作进行建构
生活区	活动：编织鸭蛋网 指导要点：学习将绵线用两根一股打结的方法编织鸭蛋网	学习编织鸭蛋网的方法	材料：彩色棉线 层次一：能在教师的指导下学习用两根绵线为一股打结； 层次二：能看图示学习两根绵线为一股打结； 层次三：能熟练地用两根绵线为一股打结
美工区	活动：棉花糖图形 指导要点：能用棉花糖和牙签棒来构建立体的几何图形	根据几何图形模型，利用棉花糖和牙签棒，制作立体几何图形，并且记录下用了几颗棉花糖、几根牙签	材料：小棉花糖、牙签或者咖啡棒，几何图形模型、记录单、笔 层次一：认识不同的几何图形，能说出它们的名称； 层次二：有兴趣进行棉花糖的立体模型制作，能说出自己做出的几何图形名称； 层次三：利用棉花糖制作立体几何图形，并能记录用了几颗棉花糖和几根牙签

续表

	活动与指导要点	幼儿发展目标	材料与层次
美工区	活动：跳舞的娃娃 指导要点：能绘画出舞蹈演员服饰、动态造型的特点	绘画出舞蹈服饰、动态的造型	材料：小朋友跳舞照片、画纸、笔 层次一：能基本表现出人物的舞蹈造型； 层次二：仔细观察小朋友的舞蹈姿势，表现出上肢、下肢的运动； 层次三：能恰当地表现人物的舞蹈造型，动作逼真
	活动：美丽的扇子 指导要点：能在折纸扇面上进行图案造型装饰	绘画造型和布局	材料：空白的折纸扇、水彩 层次一：能根据自己的喜好，描绘扇子面上的图案； 层次二：注意画面的布局，色彩鲜艳，能描绘出细节的部分
益智区	活动：小伙伴的生日 指导要点：认识年、月、日	认识年历，区分月和日	材料：幼儿照片、操作卡片 层次一：能正确区分月和日的数字，初步学习使用年历查找日期的方法； 层次二：进一步认识年历，感受年历和人们生活的关系
	活动：摸箱 指导要点：学习10以内的数量加减	理解和掌握10以内数量关系	材料：摸箱、玩具、数字卡片 层次一：两名幼儿一组，一人先摸出几个玩具，另一人摸出的玩具个数与同伴摸出的玩具个数合起来要与摸箱上的数字一样多； 层次二：两名幼儿一组，一人将眼睛蒙起，另一人将数字卡片放在摸箱上，然后摸出若干个玩具，蒙眼人说一说箱里还有几个玩具，并且开箱验证

续表

	活动与指导要点	幼儿发展目标	材料与层次
探究区	活动：小鸟飞出笼 指导要点：发现快速转动时，两面纸上的图案会看上去重合	了解视觉停留让两面不在一起的图案重合在一起的科学现象	材料：制作示意图、一次性筷子、两张大小一样的纸片，水彩笔、双面胶 层次一：按制作步骤图完成两面图案制作，并相背粘贴在筷子上； 层次二：初步探究视觉停留的现象，知道快速转动时眼中的图案会有停留； 层次三：能根据视觉效果，调整鸟笼和鸟的大小关系，自制出一个完整的"小鸟飞出笼"游戏棒
阅读区	活动：夏季运动健康小书 指导要点：学会夏季运动的自我保护方法	夏季做好防晒、防擦破皮肤、防蚊虫叮咬等工作	材料：夏季图片、自制的健康小书、剪刀、画笔、胶棒 层次一：能用剪贴画的方法表现夏季防晒、运动的具体方法； 层次二：在健康小书上添加自画的内容，丰富夏季自我保护的方法
阅读区	活动：阅读小报 指导要点：养成爱阅读的好习惯	喜欢阅读，能养成主动阅读的好习惯	材料：自制小报、绘本等 层次一：能安静地阅读自己和别人的小报； 层次二：围绕小报的画面，连贯地进行讲述
阅读区	活动：汉字小书 指导要点：了解更多的汉字偏旁部首	学会找偏旁部首	材料：自制汉字小书、报纸、剪刀、胶棒 层次一：感知"扌""氵"字旁的其他汉字，进一步感知汉字的构成规律； 层次二：在报纸上圈画自己认识的"扌""氵"字旁的其他汉字； 层次三：圈画"辶"字旁、"讠"字旁的汉字，相互交流并讨论汉字构成的简单规律

续表

	活动与指导要点	幼儿发展目标	材料与层次
扮演区	活动：我是小学生 指导要点：增强对小学生活的了解	了解小学生的一日生活时间作息	材料：小书包、时钟、学校背景 层次一：能按时钟的指示模仿小学生的生活环节； 层次二：尝试在模仿扮演中增加一些对话

集体教学活动

第一周	第二周
1. 端午节（社会）	1. 面包店（数学）
2. 端午节（语言）	2. 毕业诗（语言）
3. 赛龙舟（美术）	3. 毕业歌（音乐）
4. 文具超市（数学）	4. 温暖大家庭（社会）
5. 空气在哪里（科学）	5. 送给幼儿园的礼物（美术）

第三周
1. 悄悄话（语言）
2. 毕业纪念册（社会）
3. 侧行比赛（体育）
4. 你准备好了吗（健康）

第一周　活动一　端午节（社会）

活动目标

1. 知道端午节是中国的传统节日。
2. 通过经验调查、观看视频、同伴交流等了解端午节的来历和习俗。
3. 积极和同伴交流、分享，获得更多的端午节经验。

活动准备

物质准备：教室内布置了艾草、香囊、粽子等；教学课件；粽叶、糯米、五色棉线等材料。

经验准备：做过相关端午节的经验调查。

活动过程

一、参观已布置过的活动室，初步了解端午节的名称、时间。

1. 教师：看看我们的教室里有什么变化？为什么这样布置呢？
2. 个别幼儿在全班面前表述。
3. 小结：端午节是每年的农历五月初五，是我们国家古时候传下来的一个传统节日。

二、观看课件了解端午节的来历。

1. 教师：端午节是怎么来的，有没有传说故事呢？
2. 幼儿分组交流。
3. 观看课件，了解端午节的来历。
4. 小结：端午节又叫端阳节，据传是中国古代伟大诗人屈原投汨罗江殉国的日子。沿江的百姓纷纷驾舟前去打捞，并将粽子投入江中，以免鱼虾吃他的身体。这一习俗传至现在，已有两千多年。

三、利用调查表进一步了解端午节的各种习俗。

1. 教师：在端午节那一天人们会做哪些事呢？
2. 请幼儿根据自己的经验调查表相互说一说。
3. 当幼儿讲到艾草、香囊、粽子时，教师指着室内布置的相应实物让幼儿看一看、闻一闻，增进对它们的感知。
4. 小结：帮助幼儿梳理端午节的相关经验。

四、幼儿在家长志愿者的帮助下尝试自己制作粽子和编织鸭蛋网。

1. 展示不同款式的粽子，请幼儿观察、比较。

2. 请家长志愿者示范如何包粽子及编鸭蛋网。

3. 幼儿自己尝试包粽子和编鸭蛋网。

五、活动延伸。

1. 区域活动：在健康区提供不织布材料，供幼儿练习裹粽叶，玩包粽子游戏。同时，让幼儿知道粽子是不易消化的食物，要适量地吃。

2. 儿童之家：教师可以带幼儿到儿童之家进行包粽子的活动。

附：资料

端午节是古老的传统节日，始于中国的春秋战国时期，至今已有2000多年历史。端午节的由来与传说很多，这里仅介绍其中最有代表性的一种，即端午节源于纪念屈原。

据《史记》"屈原贾生列传"记载，屈原，是春秋时期楚怀王的大臣。他倡导举贤授能，富国强兵，力主联齐抗秦，遭到贵族子兰等人的强烈反对，屈原遭馋去职，被赶出都城，流放到沅、湘流域。他在流放中，写下了忧国忧民的《离骚》《天问》《九歌》等不朽诗篇，独具风貌，影响深远（因而，端午节也称诗人节）。公元前278年，秦军攻破楚国京都。屈原眼看自己的祖国被侵略，心如刀割，但是始终不忍舍弃自己的祖国，于五月五日，在写下了绝笔作《怀沙》之后，抱石投汨罗江身死，以自己的生命谱写了一曲壮丽的爱国主义乐章。传说屈原死后，楚国百姓哀痛异常，纷纷涌到汨罗江边去凭吊屈原。渔夫们划起船只，在江上来回打捞他的真身。有位渔夫拿出饭团、鸡蛋等食物，"扑通、扑通"地丢进江里，说是让鱼龙虾蟹吃饱了，就不会去咬屈大夫的身体了。人们见后纷纷仿效。一位老医师则拿来一坛雄黄酒倒进江里，说是要药晕蛟龙水兽，以免伤害屈大夫。后来为怕饭团为蛟龙所食，人们想出用楝树叶包饭，外缠彩丝的办法，后来发展成粽子。以后，在每年的五月初五，就有了龙舟竞渡、吃粽子、喝雄黄酒的风俗，以此来纪念爱国诗人屈原。

活动二 端午节（语言）

活动目标

1. 学习儿歌，发准"端阳""插艾"的字音。

2. 通过讲述自己对节日的感受和理解，培养完整表达的能力。

3. 乐意分享自己准备的不同口味的粽子和材料，感受与同伴交流的快乐。

活动准备

物质准备：儿歌插图、已煮熟的不同品种的粽子、鸭蛋、绿豆糕若干。

经验准备：了解过端午节的风俗和来历。

活动过程

一、出示幼儿和家长一起包的粽子，引起活动兴趣。

1. 教师：昨天我们一起包了端午节的粽子，你能向大家介绍一下自己包的是什么粽子吗？

幼儿用清晰的语言介绍自己的粽子款式和口味。

二、回忆已了解的端午节的民风民俗，并用图示表示。

1. 请幼儿用语言清楚地说一说吃粽子、赛龙舟、挂香袋的含义。

2. 拓展谈话范围：为什么在端午节时家家户户要在门前挂艾草和蒜头？（幼儿讨论）

3. 教师边小结边出示相应的图片：从五月五端午节开始天气会越来越热，蚊子、虫子也越来越多，疾病容易流行。古时还没有发明灭蚊剂，但古代中国人非常聪明，爱动脑筋，将艾草、蒜头挂在门框上，利用它们的特殊气味驱除蚊虫。大家为了纪念爱国诗人屈原，还会包粽子、赛龙舟。

三、学习端午节的儿歌。

1. 教师完整地念儿歌。

教师：你们喜欢吃粽子过端午节吗？这里还有一首有关端午节的儿歌，想听一听吗？

2. 边看图边体会儿歌的内容，师生一起学念儿歌。

教师和幼儿一起拍手打节奏念儿歌。

3. 端午品尝会。

幼儿边念儿歌边佩戴用五色棉线编织的鸭蛋网。

洗手后进行端午食品品尝会。

活动建议

请幼儿将自己的鸭蛋网带到幼儿园，分组谈论自己的鸭蛋网的形状、来源，欣赏其结构美。

附：儿歌

五月五，是端阳，
门插艾，香满堂，
吃粽子，撒白糖，
龙舟下水喜洋洋。

活动三 赛龙舟（美术）

活动目标

1. 初步学习用泥塑表现出龙舟的龙头和龙舟上的赛手。
2. 能与同伴友好协商，根据表格进行合理分工，完成泥塑。
3. 感受团队合作的成功感和喜悦感。

活动准备

物质准备：赛龙舟的视频、辅助材料（牙签、木棍、小珠子等）。

经验准备：看过赛龙舟的表演。

活动过程

一、播放赛龙舟的视频，幼儿欣赏和交流。

1. 教师：你们看过赛龙舟吗？我们一起来欣赏一下。
2. 观看赛龙舟视频。
3. 教师：龙舟是什么样子的？龙舟有多长？龙头是什么样子的？他们比赛的时候做了什么动作？手上拿些什么？一条龙舟上有多少人？他们是怎么坐的？龙头上的人在干什么？
4. 幼儿就自己观察到的内容进行交流。

二、讨论泥塑"赛龙舟"的方法。

1. 教师：今天我们要和小组的同伴一起合作来捏出赛龙舟时的情景，怎么合作呢？怎么分工？请你们商量一下。
2. 各小组交流分工的结果，并相互学习好的方法。
3. 教师：你们分工的结果是什么？谁和谁来泥塑龙舟？谁和谁来泥塑赛龙舟的人？龙舟要捏多长？要捏多少人？捏人的时候什么可以不捏？为什么？

三、幼儿小组合作泥塑赛龙舟的场景，教师进行个别指导和帮助。

1. 要求：明确自己的工作，可以参照视频中的龙舟形象来制作，也可自己设计创作。

四、展示各小组的"赛龙舟"的作品，引导幼儿相互欣赏和交流。

活动建议

1. 区域活动：在艺术区提供龙舟图片，请幼儿仔细观察图片中人物的运动姿态，学会画运动中的人，表现出赛龙舟的激烈场面。
2. 户外活动：用油瓶制作成龙舟的龙头和龙身，供幼儿组队玩赛龙舟的游戏，培养与同伴的默契以及团结合作的能力。

活动四　文具超市（数学）

活动目标

1. 学习 10 以内数的加减运算，会用算式列题。
2. 通过观察、思考和经验迁移，学会购物记录的方法。
3. 能大胆地发表自己的见解，了解小学的必备文具。

活动准备

物质准备：

1. 幼儿和教师用共同收集的文具布置"小小文具超市"。
2. 幼儿每人一份钱（钱的数目 5—10 元），每组一个塑料筐。
3. 计算用的纸和笔，有关文具的文字卡片若干。

经验准备：有过超市购物的经验。

活动过程

一、布置超市情境，幼儿模拟买文具。

1. 教师：我们小朋友即将读小学一年级，上学时需要文具，今天，请小朋友到"小小文具超市"买你们需要的文具。
2. 教师：每位小朋友从塑料框筐拿一份钱，请你用手中的钱去买文具，要求买的文具的总价格就是你手中的钱的数字。
3. 幼儿根据各自不同的数字购买文具，并用算式列出所购买的文具式题。
4. 幼儿相互交流自己的购物单。
5. 请个别幼儿说说"我买了……文具，算题是……"。集体帮助其检查。

二、讨论：哪些文具是一年级小学生所必须准备的？

1. 每组小朋友把买来的文具都集中在一起，大家看一看，这些文具是不是一位一年级小学生所必须准备的。
2. 小组成员之间相互讨论，并做出适当调整。

鼓励幼儿把重复或者不需要的文具放回超市，并重新拿回一些大家认为是必需的文具。

3. 集体讨论。

请个别小组展示所购买的文具。

活动建议

区域活动：在班级内创设超市游戏区，提供多种物品供幼儿在游戏中买卖，进一步熟悉10以内的加减在生活中的运用。

活动五 空气在哪里（科学）

活动目标

1. 感知空气无色无味、看不见摸不着、无处不在的特性。
2. 培养幼儿学习探索事物的简单方法和细致观察的能力，提高其动手动脑能力。
3. 培养幼儿对科学小实验的兴趣，发展幼儿的语言表达能力。

活动准备

物质准备：每桌一盆清水；每人一份操作材料；手帕、玻璃杯、塑料袋。

经验准备：对空气的特性有一定的了解。

活动过程

一、导入活动，引起兴趣。

教师做深呼吸，幼儿也模仿着做深呼吸。

提问：我们用鼻子吸到了什么？空气在哪儿？能用眼睛看到吗？

二、尝试活动：装空气。

1. 幼儿每人拿一个塑料袋在活动室任何地方自由地抓空气。（告诉幼儿先张开塑料袋口，然后再捏紧袋口）

2. 教师：你们在什么地方抓到了空气？

引导幼儿初步感知空气在我们周围，到处都有。

3. 讨论：想一想，你见过、用过、玩过的哪些东西里有空气？

三、尝试活动：手帕的变化。

1. 请幼儿每人拿一个玻璃杯，让他们看看杯子里有东西吗？（杯子里没有东西，杯子是空的）

2. 请幼儿将手帕塞入杯底，把杯子倒扣着压入水下，观察发生了什么现象。教师个别指导幼儿按要求进行操作，鼓励幼儿大胆讲述自己的发现。

3. 讨论：手帕为什么没有湿？水为什么进不了杯子了？杯子里有什么东西不让水进去呢？

4. 请幼儿将手帕放入杯底，然后将茶杯倒扣倾斜着放入水中，观察有什么现象发生。同时提醒幼儿观察手帕的变化，并鼓励幼儿大胆讲述自己观察到的现象。

5. 讨论：第一次手帕为什么没湿？第二次手帕为什么湿了呢？

6. 师幼总结。

第二周　活动一　面包店（数学）

活动目标

1. 学习交集、分类，理解集合相交部分的特点。

2. 在观察、讨论和游戏中感受、理解交集的意义，学会按要求分类。

3. 乐意与同伴交流、讨论，能清楚讲述自己的发现。

活动准备

物质准备：

1. 教具。

白板课件（面包店场景：托盘、各种图形面包图片，标记）。

2. 学具。

游戏"面包店"操作单 2 组：面包托盘底图，各类标记、面包图卡；游戏"圈圈套图形"操作单：操作底图空心大圆 4 个（分别为红、黑各 1，绿 2），标记若干，各类图形卡片若干；游戏"看图列 10 的加减法算式"操作单：10 以内看图列算式图片。

经验准备：会按特征分类，能判断和总结出物品的基本特征。

活动过程

一、复习 10 的组成。

教师带领幼儿玩拍手游戏和碰球游戏，复习 10 的组成。

二、观看课件，学习按标记将面包分类。

1. 出示课件 1，引导幼儿观察标记后说出这两个空心托盘是放什么样的面包。

2. 请幼儿根据标记用拖拽的方式分别将面包放在两个托盘内。分完后再请幼儿说说两个托盘里各放的是什么样的面包。

三、学习交集分类。

1. 出示课件 2，引导幼儿观察两个托盘重叠的部分，学习重叠的意义：这两个托盘有部分重叠了，重叠的这一部分可以用什么样的标志来表示？（大的、三角形的）

2. 出示课件 3，引导幼儿观察和讨论：你们想想什么面包可以放在大的托盘和三角形的托盘重叠的位置？

3. 请幼儿尝试在两个托盘重叠的地方放上大的三角形面包。

四、运用交集分类经验。

1. 出示课件 4。

教师：面包店的货架上有许多托盘，你能帮忙把这些标志和托盘匹配起来并向大家介绍吗？

2. 幼儿自由匹配，和身边的小朋友交流。

3. 教师：面包店要做特惠活动，你能把两个不同标志的托盘重叠在一起，并选出合适的面包放在里面吗？

4. 请几名幼儿分别尝试送面包至两托盘重叠的地方，请其他幼儿检查他放得是否正确，并说说为什么。同时想想重叠的地方应该贴什么标记。

五、幼儿分组操作，教师巡回指导。

1. 游戏：面包店（2组）。

指导语：给两个托盘贴上标记，并在托盘和重叠处贴上相应的面包卡片。

2. 游戏：圈圈套图形（2组）。

指导语：每个圈上插着什么标记，想想在每个圈内应放什么图形，放好后，再想想两个圆圈重叠的部分内应该放什么图形，将图片放在里面。

3. 游戏：看图列 10 的加减法算式（2组）。

指导语：看看三幅图的意思，你能列成一道算式吗？

六、结束活动。

展示面包店的操作单，师生共同检查是否正确，并及时修改和调整。

活动二　毕业诗（语言）

活动目标

1. 初步理解诗歌的内容及诗歌中表达的感激、依恋的情绪，学习朗诵诗歌。

2. 在情景绘画、配乐朗诵中，感知、理解诗歌的意境。

3. 感受与同伴、教师在一起的快乐，增进做小学生的自豪感。

活动准备

物质准备：背景音乐，相关图片。

经验准备：知道即将从幼儿园毕业了。

活动过程

一、谈话导入活动。

教师：你准备去哪个学校上学？

二、幼儿欣赏诗歌。

1. 教师：你在小学会做些什么呢？请小朋友听老师朗诵一首诗歌，名字叫《毕业诗》。教师有表情地朗诵诗歌的第一段：再过几天，小朋友就要进小学，做一名一年级的小学生，坐在明亮的教室里读书、写字，多么神气！

2. 教师：回忆在幼儿园的三年，能说一说你印象最深的一件事吗？

打开幼儿园园景的图片、小朋友游戏的图片等，提示幼儿可以说一说在上幼儿园前不会做上幼儿园以后学会了的事；在幼儿园最快乐的事。

3. 教师：我们一起听一听诗歌中是怎么说的。欣赏诗歌的第二段，看看诗歌中说的和你想的一样吗？

教师朗读第二段：小朋友刚来幼儿园的时候什么也不会，现在学会了自己上厕所、洗手、吃饭、唱歌、画画、跳舞、讲故事，有的小朋友还参加了美术比赛、故事大王比赛、跳舞比赛……还荣获了各种奖项。

4. 教师：你们获得的成绩和幼儿园老师的教育是分不开的，那你想对老师说些什么呢？

引导幼儿大胆说出自己的心里话，欣赏诗歌的第三段。

5. 完整地欣赏一遍诗歌《毕业诗》，可让幼儿和老师一起朗诵。

三、学念诗歌。

1. 教师：你们想不想把这首诗歌学会，念给关心你们的老师听？

教师采用集体跟念、分段轮流念、边做动作边念等方式，引导幼儿学习诗歌。

2. 选择适合的音乐进行匹配。

教师分别播放进行曲、抒情曲、舞曲，请幼儿为诗歌匹配音乐，并说出理由。

3. 教师播放舒缓、轻柔的抒情音乐，引导幼儿边做动作边朗诵诗歌。

活动建议

可开展书写活动"临别留言"，引导幼儿以图画、符号、文字等形式，相互书写临别留言。

活动三 毕业歌（音乐）

活动目标

1. 幼儿初步学唱歌曲，能运用柔和、连贯的唱法表现歌曲。
2. 学会用轮唱、领唱、齐唱的方法与同伴一起演唱。
3. 体会歌曲所表达的情感，用歌声抒发毕业前对老师的一片深情。

活动准备

物质准备：幼儿生活资料照片、音乐录音等。

经验准备：知道马上就要毕业了。

活动过程

一、复习律动进场。

二、学习歌曲《幼儿园毕业歌》。

1. 幼儿简要回顾幼儿园生活。（观看一组 PPT 照片）

教师：转眼三、四年过去了，还记得你们在幼儿园的点点滴滴吗？马上你们快要毕业了，很快就要成为光荣的小学生了，你们忘不了的是什么？临走前还想和老师说些什么呢？

2. 教师朗诵毕业歌的歌词。

3. 幼儿回忆、整理并记忆歌词。

教师：歌曲第一句说时间像什么？怎样形象化地描述？今天我们怎么样？明天我们又会怎么样？忘不了幼儿园的什么？忘不了老师的什么？"和老师再见、幼儿园再见"歌里是怎么唱的？你们毕业后要到什么时候再来向老师问好呢？为什么呢？

4. 完整地听音乐欣赏歌曲。

5. 幼儿合乐演唱毕业歌。

6. 运用完整跟唱的方法学唱歌曲，对其中多数幼儿较难掌握的句子加强练习。

7. 幼儿根据旋律注意断顿的唱法。

三、学习运用轮唱、领唱、齐唱的方法进行演唱。

1. 教师：这首歌曲在唱时你会想到什么？你能用不同的方法来演唱吗？

2. 幼儿讨论后，学习看指挥运用轮唱、领唱、齐唱的方法进行演唱。

3. 鼓励幼儿边唱边增加表演的动作。

活动建议

区域活动：在表演区提供配乐，鼓励幼儿在小舞台上进行歌表演《毕业歌》。

活动四　温暖大家庭（社会）

活动目标

1. 感受同伴、教师对自己的关爱，知道班级是个温暖的大家庭。
2. 积极表达自己在集体中的快乐事，与同伴分享集体中的故事，喜欢这个集体。
3. 愿意为班级体、同伴做力所能及的事情，关心他们。

活动准备

物质准备：小朋友的照片，"我们是一家"的画册。

经验准备：幼儿在集体中有过快乐的事体验。

活动过程

一、出示集体照，引出"我们是温暖大家庭"话题。

1. 教师出示照片，引导幼儿回忆和小朋友在一起的快乐时光。
2. 教师：大家看看，这是谁呀？还记得这是我们什么时候拍的吗？（大 × 班全体，小主人庆祝会时拍的）
3. 教师：小朋友们，那个时候都表演了什么啊？大家在一起表演开心吗？你们觉得我们班给人什么感觉？（知道大 × 班是个温暖的大家庭）
4. 鼓励幼儿与同伴相互交流。

二、师生共同讨论幼儿园里发生的开心的事，回忆大家庭中美好的往事。

1. 教师出示幼儿平时活动的照片，鼓励幼儿说一说自己开心的事情。
2. 分组展示自己的画册，边展示边介绍自己平时发生的事。
3. 教师：我们在一起三年了，就像家人一样。当我们这个大家庭里有人遇到问题、困难时大家是怎样做的？
4. 夸夸自己的好朋友，说说朋友是怎样关心自己的。
5. 对这个大家庭今后的希望。
6. 教师：很快我们就要毕业了，大家不能每天在一起了，那我们怎样做才能让我们这个大家庭保持温暖呢？

三、小结。

教师：请小朋友们以良好的表现度过这最后一段幼儿园时光，珍惜和小朋友们、老师们在一起的时间，今后大家要保持联系哦！

四、画一画我与小朋友在一起时开心的事。

1. 画出与哪些小朋友在一起玩，玩了什么。

2. 展示幼儿的作品，并让幼儿说说画的内容，感受大家庭的温暖。

活动五 送给幼儿园的礼物（美术）

活动目标

1. 能用图加文的方式表现自己对幼儿园的毕业祝福。
2. 用多种材料创造性地表达自己的祝福。
3. 在合作布置祝福展区的活动中感受毕业前的感情交流。

活动准备

物质准备：笔、纸、剪刀、胶水等。

经验准备：有合作制作作品的经验。

活动过程

一、幼儿和好朋友互赠毕业祝福。

1. 教师：小朋友们还有一个月就要从幼儿园毕业了，你们有什么祝福要送给幼儿园呢？你会对幼儿园的老师和弟弟妹妹们说什么？

2. 请小朋友们和你的好朋友相互说一说毕业祝福。

二、幼儿讨论用多种材料创造性地表达对幼儿园的祝福的方式方法。

1. 教师：我们全班可以做什么样的作品来表现我们班小朋友的祝福呢？小朋友们想想看可以用什么材料制作呢？

2. 商定主题和设计装饰。如一艘大帆船，寓意"一帆风顺"，全体小朋友以自画像的形式出现在船上，还可以用布贴画或种子贴画来装饰帆船等。

3. 讨论如何分工，明确每个小朋友的任务。

三、幼儿根据自己的设想，分小组，合作动手制作祝福礼物。

1. 教师巡回指导幼儿，帮助有困难的幼儿。

2. 教师引导幼儿在布置祝福展区的时候，学会合作，相互谦让，注意整体效果。

四、将制作好的礼物送给园长妈妈。

活动建议

区域活动：在艺术区，请幼儿制作祝福卡片送给自己喜欢的老师和小朋友。

第三周　活动一　悄悄话（语言）

活动目标

1. 能与好朋友互相交流、互动，用准确的语言表述自己的情感，倾听同伴的悄悄话。
2. 理解诗歌的内容和情感意义。
3. 体会分享悄悄话的温馨气氛，感受朋友间亲密的情感。

活动准备

物质准备：儿歌《悄悄话》图片。

经验准备：有和好朋友分享秘密的经验。

活动过程

一、游戏"悄悄话"。

1. 教师到三四位幼儿面前，附耳说悄悄话，引起其他幼儿的好奇，请大家猜猜教师在做什么。
2. 教师：什么叫"悄悄话"？你有哪些悄悄话？你想跟谁说说呢？你可以找他说一说。

二、师生共同学念诗歌《悄悄话》。

1. 出示悄悄话图片，教师完整朗诵儿歌。
2. 教师：小朋友们很快就要毕业了，也有很多秘密和悄悄话要和老师说，儿歌里的小朋友对老师说了哪些悄悄话呢？
3. 幼儿跟着图谱朗诵一遍诗歌，教师再次提问，并引导幼儿回答正确的答案。
4. 教师带领幼儿集体朗诵2—3遍，加深幼儿对诗歌的理解。

三、幼儿向老师说说自己心里的悄悄话。

1. 教师：听完了诗歌里的小朋友对老师说的悄悄话，你们有什么想对老师说的呢？
2. 教师请小朋友们组织一下语言，然后再请几位小朋友说一说。

四、幼儿和好朋友互相倾诉悄悄话。

幼儿可以在角落和好朋友用传话筒互相倾诉悄悄话，体验说悄悄话带来的乐趣。

五、玩游戏"我是你的小听众"，学会正确判断和同伴之间交流的话语。

1. 教师：朋友对我说了悄悄话，我怎么办？

教师出题，幼儿判断。

如：我喜欢你，你也喜欢我吗？

我不想跟××玩，你帮我去打他！

我今天有点不开心。

你能把你的笔送我吗?

我们俩一起躲起来,不让老师发现。

我想喝水了,不敢跟老师讲。

我今天放学不走,在操场等你来接一起走。

××拿了××抽屉里的东西,我看见了,我不敢说……

活动建议

科学区:利用纸杯和不同的线制作传话筒,感受线的材质与声音传递的关系。

美术区:可以将自己的悄悄话画下来送给朋友并说给朋友听。

附:儿歌《悄悄话》

(甲)老师,老师,我的好老师,

(乙)让我再和您说句悄悄话——

(甲)我盼着长大又怕长大,

(合)长大了就要离开幼儿园这个家,

(乙)我怕长大还是长大了,

(合)我们就要毕业离园啦。

(甲)老师、老师,我的好老师,

(乙)让我轻轻叫一声老师妈妈。

(合)我是您搀扶着长大的"丑小鸭",

我是您梦中开放的"七色花"。

您用泪花送走您淘气的娃娃,

我用小手做一个娃娃给您留下。

(甲)它和我一样的眉毛,(乙)一样的嘴巴,

(合)每天都陪着老师妈妈说句悄悄话。

(甲)再见了,我的老师妈妈,

(乙)也许,我会走得很远很远,

(合)远在天涯,也忘不了幼儿园的家。

(甲)放心吧,我的老师妈妈,

(乙)将来,我会长得很高很大,

(合)再高再大,也是您培育的娃娃,

(甲、乙)每年每年的夏天,我都要回来,

（合）回到我这小时候温暖的家，

（甲、乙）搂着老师妈妈的脖子，

（合）说上许多许多的悄悄话……

活动二 毕业纪念册（社会）

活动目标

1. 回忆幼儿园的点滴生活，感受毕业前的惜别之情。
2. 通过毕业纪念册留下同学、老师的姓名和祝福。
3. 愿意和大家一起交流自己的想法。

活动准备

物质准备：

1. 每人一本毕业纪念册，笔。
2. 园长、后勤教师、家长对幼儿毕业的感想视频。

经验准备：有对三年幼儿园生活的美好回忆。

活动过程

一、观看园长、后勤教师、家长对自己毕业感想的视频，回忆三年幼儿园生活的点点滴滴。

1. 教师：马上我们就要毕业了，你会记得幼儿园里的谁呢？
2. 教师：在幼儿园里有许多人在照顾我们，除了班里的老师，还有园长妈妈，厨房老师，保健老师。他们都是爱我们，关心我们的人。在毕业前，这些关心我们的人会对我们说什么呢？
3. 观看视频，感受身边人对小朋友的关心。

二、翻看毕业纪念册，了解纪念册的作用。

1. 教师：你们知道这是什么吗？什么是毕业留念册？
2. 幼儿说说自己的想法，了解其中的内容和纪念册的作用。

三、幼儿逐页记录，制作自己的毕业纪念册。

1. 教师：你们会在自己的毕业纪念册上记些什么呢？第一页记什么？第二页呢？……
2. 教师：你可以怎么把自己送给好朋友的祝福记在纪念册上？还可以留下什么让好朋友在毕业后找到你呢？
3. 幼儿开始记录自己的纪念册。

教师鼓励幼儿主动邀请别人在自己的纪念册上签上姓名和电话号码或画出自己的祝福。

4. 幼儿分组到幼儿园里请关心自己成长的教师给自己签名、写上毕业祝福。

四、在毕业歌的歌声中，幼儿相互交流欣赏自己的毕业册。

1. 幼儿相互交流欣赏自己制作的毕业册。
2. 学习同伴好的装饰方法，进一步装饰自己的毕业册。

活动建议

在区域中继续完成毕业留念册。

活动三 侧行比赛（体育）

活动目标

1. 练习合作夹物侧步行走，提高合作协调性。
2. 尝试选择好的合作侧行方法，能注意合作双方步幅动作一致。
3. 在合作中积极动脑，遇到困难主动克服。

活动准备

物质准备：各种纸箱、纸棍。

经验准备：玩过合作游戏。

活动过程

一、准备活动。

教师带领"小螃蟹们"整队，慢跑进场，变速跑，踏步练习。

二、游戏侧步行走。

集体游戏"侧身变速跑"。

教师：小螃蟹们，我们来玩"侧身变速跑"的游戏。

讲解游戏玩法：教师用手势指出方向，小螃蟹们根据手势左右侧身行进跑和停止。

三、幼儿尝试一人用身体带着货侧行。

1. 教师：小螃蟹们长大当上快递员帮忙运货，看看用我们身体的什么部位可以带着货物侧行呢？
2. 幼儿自由尝试并探索。
3. 教师幼儿共同讨论方法。
4. 小结：可以用身体的很多部位来运货，比如头顶货物、手持货物、腿夹货物等。

四、幼儿合作带货物侧行。

1. 教师：不用手和腿，我们还可以用什么方法合作带着货物侧行呢？
2. 幼儿尝试各种方法带着货物侧行。（主要为背对背和面对面）
3. 讨论：怎样运更好？启发幼儿与同伴合作完成。
4. 幼儿讨论并尝试。
5. 小结：合作夹物侧行时要和同伴调整好步幅，互相靠紧对方。

五、运物比赛。

1. 教师介绍玩法：两人一组，采用侧行的姿势前进至场地对面。行进中可以用喊口号"一二，一二"的方式统一步伐。哪一队行进得最快、货物不掉下来哪一队就胜利。
2. 幼儿分队进行快递员比赛。

六、放松运动，结束活动。

活动四　你准备好了吗（健康）

活动目标

1. 学习收拾自己的物品，能主动积极地适应即将到来的小学生活。
2. 在分组竞赛、讨论反思中，有意识地提高计划性和有序性。
3. 知道自己长大了，在比赛中感受到努力和自信的快乐。

活动准备

物质准备：

1. 教具：展板一个，电脑设备一台，课件。
2. 学具：人手一个文具袋，橡皮、尺子、铅笔若干；小书包人手一个，图书6套。

经验准备：参观过小学，了解了一些小学生的学习、生活的内容。

活动过程

一、回顾参观小学的照片，激发参与竞赛活动的积极性。

1. 教师：这是哪里？哥哥姐姐在学校要做哪些事情？马上我们也要升入小学了，你会从哪些方面做准备呢？
2. 幼儿自由发言。
3. 教师：你们已经想到了一些，在家里也开始了准备。那你们的准备是不是合适呢？今天有个挑战赛，我们一起来试一试吧！

二、通过第一轮竞赛，从倾听习惯、时间管理等方面分析和提高自己的整理能力。

1. 观看视频，了解第一关：整理文具袋。

小主持人：小学生每天都要写作业，所以文具袋是我们的好朋友。你能按要求整理好文具袋吗？

图示：6支铅笔、1块橡皮、1把尺子。（画外音：请按图示找到三种文具，放入文具袋中。交给裁判检查，规定时间内完成的小朋友获得一个贴花）

2. 幼儿进行挑战赛游戏，一分钟内完成的幼儿由四名裁判在身上贴上奖励贴花。

3. 讨论：比赛中你是怎么做的？为什么？

4. 小结：首先听清楚要求，然后仔细观察，心里想好要拿哪些东西，怎样收拾最方便，最后按顺序去完成，这样才能比较快地完成任务。

三、进行第二轮竞赛，巩固和提升收拾整理的有序性、计划性。

1. 观看视频，了解第二关：整理小书包。

小主持人：你们看这是我的书包。每天我的书包里都会准备各种书和作业本。所以整理小书包也是一个小学生每天都要做的事。你能用刚才的方法整理小书包吗？

图示：6本图书。（画外音：请你找到以下6本书，把它们和刚才的文具袋一起收在自己的书包里。先完成的小朋友把书包交给裁判检查，完成的小朋友获得一个贴花）

2. 幼儿独自思考如何有序又快速地整理小书包。

3. 幼儿进行第二轮挑战赛。

4. 讨论和反思：这一轮比赛中，你觉得自己有哪些进步？你是怎么做的？（请个别幼儿示范一下）

四、为今天参赛的队员颁奖，积极地从各方面做好升入小学的准备。

附 录

大班幼儿一日生活作息表（试行）

2016 年 9 月

大班作息时间安排	
时间	活动
7:45—8:10	入园自我服务
8:10—8:40	晨间锻炼
8:40—8:50	早　操
8:50—9:00	生活活动
9:00—9:40	晨谈、集体活动
9:40—10:40	区域活动
10:40—11:10	户外活动（专项）
11:10—11:15	餐前准备
11:15—11:50	午　餐
11:50—12:10	散　步
12:10—14:15	午　睡
14:15—14:45	生活活动
14:45—15:45	户外活动
15:45—16:00	文学艺术活动
16:00	离　园

日常教育、备课及环境规范要求（试行）

2016 年 9 月

分类	具体要求
日常教育教学规范	1. 教学活动要准备教学具，放在手边以方便使用。区域环境和材料要及时更新，保证半数是自制游戏材料。重视创造性游戏的开展； 2. 游戏或区域活动时间是教师、保育老师观察和指导幼儿的时间。按作息制度执行幼儿一日生活组织，不随意拖拉； 3. 每天完成逐日计划，每天进行有目的的观察和及时的反思、总结。计划制订中要真实写出想做的事和正在做的事，入园及离园阶段的接待中要及时回应每一位儿童和家长； 4. 幼儿作品当天展出。每天替换、整理或增添操作材料，环境和材料要体现教育性、审美性、环保性； 5. 对班级环境变化以图文方式及时进行记录，每月 20 日前完成并上交班级区域活动记录 PPT
"让幼儿的成长看得见"	1. 每个主题要有相应环境，环境中要呈现主题进展、幼儿参与、家园互动，及时快速更新； 2. 为每个幼儿建立《健康成长手册》，要反映出各个主题中孩子活动的情况，要突出幼儿某方面能力增长，要有幼儿轶事记录，要有幼儿学期发展评估。其中，一个主题要有 1—2 张幼儿照片、1—2 张作品，并在照片和作品上附教师的评述、文字记录（时间、内容和评价）。要和学期末的教师评估、评语建立联系，让评估有据可依； 3. 班级门口始终要体现欢迎家长和孩子的氛围，并每 2 周调整 1 次，体现新意和配合教育活动内容； 4. 班级里的 4 张表格《一日时间作息表》《区域游戏选择表》《日历表》《班级职责表》，是班级活动组织的重要组成部分
"让健康特色看得见"	1. 以幼儿"亲近自然、热爱运动、良好品行、乐于探索"为户外活动发展目标，合理安排户外活动内容，重视种植活动中幼儿的参与和记录，重点关注幼儿户外探究兴趣的培养和能力的促进； 2. 设立健康保育互动墙面，至少每月更新 1 次，设立形式多样的健康区，例如：精细动作发展区、生活能力探索区、人际合作建构区等； 3. 每周安排 1 次体育教学活动，突出以游戏为主的基本动作练习； 4. 坚持每月 2 次户外混龄健康大活动，营造热爱运动、喜欢挑战的氛围

教师观察记录表（范例）

2012 年 2 月 9 日

时间	2012 年 2 月 9 日 （上午 10:20-10:45）	地点	活动室 （建筑工地区域）
观察对象	陈××（男）、张××（男）、韩××（男）		
观察目的	观察幼儿在合作建构中的表现		
儿童表现及行为	今天，三个男孩子选择了建构游戏。主题是合作建构，完成一个作品。 　　陈××："我们来一起搭东西吧，搭什么呢？"半天没有人回答他的问题，"那我就自己来搭吧！"他开始自己搭起来。 　　张××在一边已经把积木架空了一层，积木不太稳当，倒了下来，"我们还是一起来搭吧！"张××向陈××发出邀请，陈××立刻参与进来，两个人有了合作。 　　韩××这边一个人在搭建自己的大厦。"看，我的大厦，有 100 层高。"韩××骄傲地介绍着。大家都过来看，不知道谁碰到了积木，"哗"的一声积木全倒了，韩××大叫起来，发起了脾气。 　　十几分钟过去了，三个人还是什么作品都没有。但韩××已经开始加入了张××、陈××的合作中，作品是一个围合的房子。他们把房子命名为"世界大楼"		
分析	1. 合作建构对这三个幼儿来说，有一定的难度，互相之间不能配合、协商，还停留在平行游戏状态； 2. 建构技能运用方面，初步掌握了平铺、围合、简单架空，还不能运用更多的技能		
措施	1. 提供更多的合作游戏、合作学习的机会，让幼儿知道什么是合作，怎样合作，学会合作的方法； 2. 在下午时间，适当增设建构游戏的集体性教学，教给幼儿一些建构方法。 3. 增加同伴间的分享学习，观赏同伴的作品，进行学习		

提供者：王妍

幼儿相片作品记录表（范例1）

姓名：×子萱　　日期：2012年4月10日　　学期初■　　学期末□

相片：

评语：

子萱还是不愿意放下她的小熊，哪怕是在户外搭积木的时候也带着它。搭积木的过程中子萱的注意力是非常集中的，她试着把一块块积木连起来变成一列火车。小熊这个时候已经被她压在了手底下，变得扁扁的。可是即便这样，子萱还是不忘记她的小熊。

领域	核心项目1	核心项目2	个人项目
健康	□	□	□
科学	□	□	□
语言	□	□	□
艺术	□	□	□
社会	■	□	□
户外	□	□	■

提供者：杨己洁

幼儿相片作品记录表（范例2）

姓名：周×× 　　　日期：2012年2月28日 　　　学期初■ 　　　学期末□

相片：

评语：

　　周××在健康区中学习使用筷子给蔬菜分类。由于这个游戏已开展了一段时间，小朋友都已学过如何正确拿筷子，因此他的基本动作还是比较规范的。在夹取较大的蚕豆和洋花萝卜时，很快就能不费力地夹出来。在夹最小最滑的豌豆时，他发现和刚才比就难了，这时周××先把筷子对齐，手拿到了筷子的最下端，很想用力，这对于初学筷子的小朋友还是很有挑战的。在练习时，还是要鼓励周××坚持手持筷子的中上端，通过多次练习掌握灵活使用筷子的方法。

领域	核心项目1	核心项目2	个人项目
健康	□	□	□
科学	□	□	□
语言	□	□	□
艺术	□	□	□
社会	■	□	□
户外	□	□	□

提供者：王灿灿

《儿童日记》（范例）

小班《儿童日记》（一）

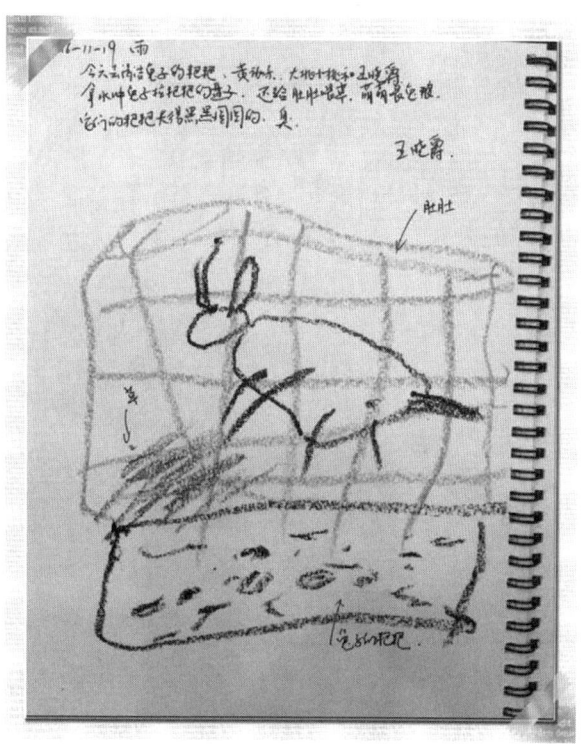

小班《儿童日记》（二）

中班《儿童日记》(一)

中班《儿童日记》(二)

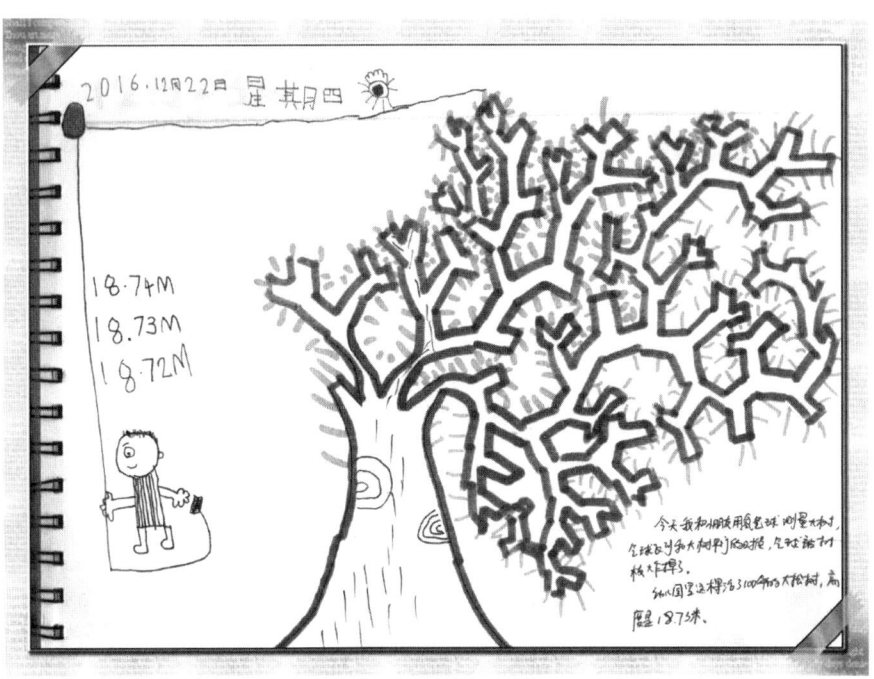

大班《儿童日记》(一)

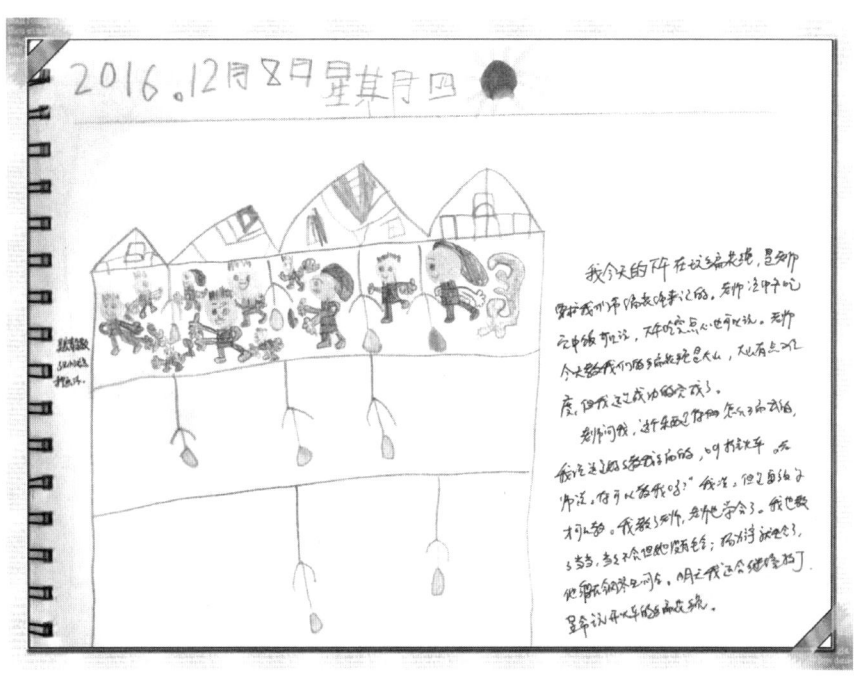

大班《儿童日记》(二)

图书漂流记录（范例）

班组会议记录表（范例）

班级	大三班	时间	2016年10月10日

主持人：王秋悦

参加人：王妍　王芳

主要内容：

一、前期工作

1．戏剧《老鼠嫁女》准备到位。工作量较多，新主题已经进入"我和大树做朋友"，下周展演给家长观摩；

2．区域：主题环境的创设工作，深入开展；

3．区域的教育指导，人员分工进一步明确；

4．新主题活动绘本（5×2=10本）购买；

5．对《还给孩子》语言区，《叶脉》美工区进行调整

二、幼儿的情况

近期生病的孩子较多，做好以下调整工作：

1．给幼儿多喝水；

2．开窗通风；

3．适当休息；

4．提醒有需要的幼儿吃药；

5．体检单回收（补检）

三、特殊儿童的教育工作

1．××近期进步较大，奶奶陪同1~2个月；

2．继续关注，进一步教育和引导

四、后期工作

1．周五戏剧展演，化妆（美叮当、新娘等）；

化妆—换演出服（9：20）—候场

2．生活馆；

包饺子（2~4组），饺皮、饺馅准备工作要落实。

3．元旦活动准备

备注：各班每月进行一次班组会议，并及时做好记录。

提供者：王秋悦、王妍、王芳

大班幼儿发展评估表

作品取样系统发展检核表（5—6岁） 尚未发展：幼儿无法展现指标行为 发 展 中：幼儿间歇性地展现指标行为 熟　　练：幼儿稳定地展现指标行为			学期末			学年末		
			尚未发展	发展中	熟练	尚未发展	发展中	熟练
健康与动作	大动作发展	1．能熟练掌握一些基本运动技能						
		2．愿意积极参加体育竞赛游戏活动						
	精细动作发展	1．能正确、熟练地操作多种工具						
		2．能手眼协调地有效完成活动任务						
	个人健康与安全	1．有照料自己生活的能力，并乐意协助照料他人						
		2．能商讨制定健康安全的基本规则，并能主动遵守						
语言与文学	听	1．能专心倾听并理解言语的意义						
		2．能依从一系列的指示行事						
	说	1．说话清楚并能有效表达意思						
		2．能根据不同的目的，综合使用词汇或成语						
	读	1．能对书或阅读产生兴趣，并理解图书的内容						
		2．能仔细观察图书画面的细节，理解想象故事与真实故事						
	写	1．通过画、说和扮演表现故事，较生动形象						
		2．对文字开始敏感，能以符号和字的形状来传递想法						
科学与自然	数与运算	1．进一步理解关于数量、形体、时间、空间、规律等数学概念						
		2．能运用不同策略解决生活中的数学问题						

续表

作品取样系统发展检核表（5—6岁） 尚未发展：幼儿无法展现指标行为 发 展 中：幼儿间歇性地展现指标行为 熟　　练：幼儿稳定地展现指标行为			学期末			学年末		
			尚未发展	发展中	熟练	尚未发展	发展中	熟练
科学与自然	科学探究	1．探索不同工具的使用方法，发挥工具在探究中的作用						
		2．对科学现象有初步的思考，学习收集相关的信息，并以图标的方式记录并表达						
艺术与审美	音乐感知与表达	1．喜欢倾听音乐，能随韵律、节奏表现比较复杂的动作						
		2．会独立演唱几首歌曲，能与同伴自然、和谐地共同演唱						
	美术感知与表达	1．能对不同的艺术表现方式进行探索，综合使用各种美术技能进行艺术创作						
		2．欣赏不同文化背景或风格的作品，对艺术作品有自己的看法						
社会与情感	自我意识	1．能够主动地寻求和从事自己想做的活动						
		2．意识到要对自己的行为负责，主动控制情绪						
	社会文化	1．意识到自己是小公民，自觉遵守社会和集体中的规则						
		2．了解国家及当地的历史、文化和民俗						
	与他人关系	1．能与他人合作、尊重他人并理解他人的看法						
		2．愿意在同伴需要帮助时主动地帮助，表示关心与同情						

南京市第二幼儿园幼儿健康行为规范

小班

  幼儿园里真开心，健康宝宝人人爱。
  手心手背洗干净，大口吃饭不要喂。
  照着镜子擦嘴巴，衣服裤子自己脱，嘘嘘臭臭快快去。

中班

  豆豆蚁，长大啦！爱刷牙，爱洗脸。
  修指甲，不吃手。打喷嚏，掩嘴巴。
  吃饭香，不挑食。坐得正，站得直。
  知冷暖，会穿脱。理图书，收玩具。
  小椅子，排整齐。豆豆蚁，真正棒！

大班

  勤洗澡，常换衣，内外衣服穿整齐。
  惜粮食，会用筷，桌上饭粒捡干净。
  学拖地，学擦桌，公共卫生大家做。
  头放正，胸挺直，坐立姿势要端正。
  爱运动，常锻炼，动静交替很科学。
  早点睡，早点起，起卧时间有规律。
  懂礼貌，讲卫生，我是二幼小主人。

后 记

"幼儿园生命成长启蒙教育课程"一路走来,承载了二幼几代人的心愿,"让每个幼儿健康成长"是二幼教育人几十年的不懈追求。自2010年9月至今,历经七年的重构实践,从园部领导到一线教师,带动幼儿和家长全面卷入课程实践,从教育理念到课程实施呈现了富有创意的诠释。在"十三五"之际,我们欣喜地看到了《幼儿园生命成长启蒙教育课程》丛书的首次出版。

这一切来之不易,特别想对很多人说感谢。首先,要感谢的是二幼历任领导和全体教师为此付出的艰辛和努力。朱玉华园长、张珲娟副园长、朱清副园长在任期间开始了"生命成长"的课程研究,初步形成了绿色和谐校园文化体系,这为我们"生命成长启蒙教育课程"奠定了坚实的基础。陈学群园长带领我园管理团队用踏实诚恳的态度走进教育现场,和教师们一起围绕幼儿"生命成长"、教师"生命成长"、校园文化"绿色和谐"进行了深入细致的课程文化实践研究,践行着"生命孕育于自然之源,成长得之于和谐之境"的指导思想,致力于"促进幼儿全面而和谐、自由而充分、独特而富有个性的发展",提出教育要"尊重幼儿、崇尚天性",要让幼儿获得"自由充分"的发展,要培育"完整儿童"。在生命成长启蒙教育课程理念下的幼儿是"亲近自然、热爱运动、良好品性、乐于探索"的,这些教育理念和实践成果,为梳理和发展"幼儿园生命成长启蒙教育课程"奠定基础,指明了方向。

其次,要感谢二幼的所有教师,是他们结合课程发展目标,创造性地构建了课程框架和课程实施内容与方式。感谢课程试点班的教师对课程做出开拓性的研究,并提供了翔实的教学反思和儿童观察。感谢由园教科室教师、年级组长,南京市、区教研骨干和高校研究生等组成的实践智囊团,在课程推进研究过程中,在我们遇到困难时敞开心扉、出谋划策,帮助我们梳理思路和开拓实践。

感谢南京师范大学虞永平教授、顾荣芳教授、许卓娅教授、刘晶波教授等专家一直以来在我园课程发展和建构方面的无私关怀和专业指导;感谢南京师范大学冯建军教授在"幼儿生命化教育"理念中的引领,感谢华东师范大学刘晓东教授、南京师范大学张永英教授对课程理念提升的指导;感谢在"九五""十一五""十二五"期间,来我园指导的唐淑教授、张慧和教授、邱学青教授、张俊教授,是你们的专业引领,为二幼后期发展奠定了基础。

《幼儿园生命成长启蒙教育课程》丛书分为《幼儿园生命成长启蒙教育课程·教师用书》《幼儿园特色课程实施方案》和《幼儿园区域游戏总动员》三部分。《幼儿园生命成长启蒙教育课程·教师用书·大班下》由陈学群和范甦著。周娟、严涛、张洁、虢文婷、杨梅佐、王秋悦、莫阳等教师参与了本课程的实践。除了感谢参与实践的教师,还要特别感谢我们挚爱的二幼的孩子们，是他们让课程更加鲜活而富有生命力，感谢一直在默默支持我们的二幼的家长们，他们积极行动，主动配合，令我们的付出更有意义。衷心地感谢他们！

因为时间紧迫，本书可能有不够完善之处，请广大读者多提宝贵意见。同时，由于我们无心疏忽，可能会将您的名字暂时疏漏，请您以宽大之心谅解我们的无心之举并继续一如既往地关心、爱护成长中的二幼！感谢！

陈学群　彭　云

南京市第二幼儿园

2017 年 10 月

图书在版编目（CIP）数据

幼儿园生命成长启蒙教育课程.教师用书.大班.下／陈学群,范曌著.—南京：南京师范大学出版社,2017.12（2024.4重印）
　ISBN 978-7-5651-3636-8

Ⅰ.①幼… Ⅱ.①陈… ②范… Ⅲ.①学前教育－教学参考资料 Ⅳ.① G613

中国版本图书馆 CIP 数据核字（2017）第 323889 号

书　　名	幼儿园生命成长启蒙教育课程.教师用书.大班.下
丛 书 名	幼儿园生命成长启蒙教育课程
丛书主编	陈学群
作　　者	陈学群　范　曌
责任编辑	於　迪　官军燕
出版发行	南京师范大学出版社
地　　址	江苏省南京市玄武区后宰门西村9号（邮编：210016）
电　　话	（025）83598919（总编办）　83598412（营销部）　83598312（邮购部）
网　　址	http://press.njnu.edu.cn
电子信箱	nspzbb@njnu.edu.cn
照　　排	南京凯建文化发展有限公司
印　　刷	江阴金马印刷有限公司
开　　本	787毫米×1092毫米　1/16
印　　张	14.25
字　　数	313千
版　　次	2017年12月第1版　2024年4月第2次印刷
书　　号	ISBN 978-7-5651-3636-8
定　　价	30.00元

出 版 人　张　鹏

南京师大版图书若有印装问题请与销售商调换
版权所有　侵犯必究